고마운 _____ 님께 드립니다.
당신의 일과 인생이 술술 풀리기를 간절히 바랍니다.

일과 인생이 술술 풀리는 자기암시법

된다, 된다
나는 된다

된다, 된다

일과 인생이 술술 풀리는 **자기암시법**

나는 된다

니시다 후미오 지음 · 하연수 옮김

흐름출판

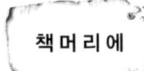

성공과 멀어 보이던
그 친구가 잘나가는 이유

"성공하기 위해서는 무엇이 가장 중요합니까?"

이런 질문을 받을 때마다 나는 '행운'이라고 대답해왔다. 내 대답을 들은 상대방은 대체로 깜짝 놀란다. 모르긴 해도 '강인한 의지'나 '피나는 노력', '근면과 성실' 같은 답을 기대하고 있었을 것이다. 개중에는 행운이라는 말이 떨어지기 무섭게 인상을 팍 찌푸리는 사람까지 있다. 심지어 수많은 일류 스포츠선수와 프로팀을 지도해온 내 경력마저 의심하는 눈빛이 역력하다.

'스포츠는 실력으로 판가름 나는 세계인데 노력보다 운이 중요하다니, 그게 말이 되나?'

실망과 불신을 넘어 아예 비난에 찬 눈초리로 나를 쩌려보기까지 한다.

성공의 제1요건을 묻는 질문에 '운'이라고 대답하면 사람들은 왜 눈살을 찌푸리는 것일까? 아마 노력을 등한시하는 인상을 주기 때문일 것이다. 대부분의 사람들은 운을 중요시하는 것은 불성실하고 게으른 자들의 발상이며, 인생을 진지하게 살아가는 이의 자세가 아니라고 치부한다. 만약 올림픽에서 메달 획득에 실패한 선수가 '운이 없어서 졌습니다. 재수가 없었어요'라고 말하면 십중팔구 엄청난 욕을 먹을 것이다.

성공하는 데 무엇이 가장 중요하냐는 질문은 삶에서 무엇이 가장 중요하냐는 질문과 똑같다. 대부분의 사람들은 '의지', '노력', '성실함' 같은 단어를 답으로 내놓는다. 하지만 성공을 하느냐 마느냐는 의지나 노력, 성실의 정도와 비례하지 않는다. 실제 성공한 사람, 성공하지 못한 사람들과 상담을 해본 결과 성공과는 거리가 먼 재미없는 인생을 살고 있는 사람들은 대체로 성실하게 살았다. 성실한 사람일수록 성공이나 돈과 인연이 없었다. 평생 허리가 휘도록 일해도 자기 집 한 채 장만하지 못했고 그럴싸한 자가용 한 대도 없었다. 성실함 말고는 특별히 가진 것 없는 채로 그렇게 크고 작은 스트레스에 둘러싸여 우울한 표정으로 하루하루를 살아가고 있다.

여기서 여러분이 오해하지 말아야 할 것은 성실함은 성공의 충분조건은 될 수 있지만 필요조건은 아니라는 점이다. 성실하지 않아도 충분히 성공할 수 있지만, 운이 따라주지 않으면 결코 성공할 수 없다.

신문기사나 주위를 둘러보면 밑바닥 경험을 하지 않고 성공한 사람은 거의 없다. 진짜 성공을 이룩한 사람들은 한 번쯤 반드시 불우한 시절을 겪은 사람들이다. 다만 그들은 바닥을 기더라도 '나는 운이 좋아', '꿈은 반드시 실현된다'라는 생각을 잊지 않았다. 그렇다면 여러분도 그런 사람들처럼 행동하면 그만이다. '성공한 이들은 대체로 밑바닥 생활을 경험했으니, 내가 지금 밑바닥을 기고 있다는 것 자체가 이미 대단한 행운이다.' 이렇게 생각할 수만 있다면 틀림없이 여러분도 성공할 수 있다. 하지만 99%의 사람들은 유감스럽게도 이렇게 생각하는 것이 불가능하다. 오히려 풍족한 환경에 놓여 있어도 투덜거리며 불만을 쏟아낸다.

운이 좋다고 생각하는 것이 이토록 어려운 이유가 무엇일까?

그 답은 뇌에 있다. 뇌에는 과거의 경험에 의해 축적된 기억데이터가 있다. '할 수 없었다'는 불쾌한 기억데이터가 많을수록 뇌는 당연히 '할 수 없다'고 예감한다. 반대로 '할 수 있었다'는 기분 좋은 기억데이터가 많을수록 뇌는 '할 수 있다'고 예감한다. 그런데 우리 뇌에는 '나는 운 없는 놈이었어'와 같이 운에 대한 부정적인 기억데이터가 많다보니 '나는 운이 없다'라고 예단하고 마는 것이다.

여러분의 기억데이터를 바꾸면 인생도 360도 바뀔 수 있다. 기억데이터란 여러분이 마음먹기에 따라 얼마든지 바꿀 수 있으며, 결국 '할 수 없는' 뇌를 '할 수 있는' 뇌로 바꿀 수 있다.

그렇다면 운은 어떤 사람에게 달라붙는 것일까?

미국 시카고대학 연구진은 다음과 같은 실험을 했다. 사람들을 세 그룹으로 나누어 농구장에서 자유투를 던져보도록 했다.

A그룹은 30일간 전혀 연습을 하지 않았고, B그룹은 30일간 매일 자유투를 연습했다. C그룹은 30일 간 마음속으로만 연습했다.

30일 후 세 그룹의 성적을 살펴보면 A그룹은 전혀 자유투 성공률이 높아지지 않았다. B그룹은 성공률이 24% 높아졌고, 이미지만 연습했던 C그룹은 성공률이 23%나 높아졌다.

놀랍게도 매일 땀 흘리며 자유투를 연습한 사람들이나 공 한 번 만져보지 않고 마음속으로만 연습한 사람들이나 성공률이 거의 똑같았다. 이것은 우리의 뇌가 실제 상황과 마음속으로 그리는 상황을 분별해내지 못하고 똑같은 것으로 받아들이기 때문이다.

운도 마찬가지다. '나는 뒤로 넘어져도 코가 깨지지', '나는 원래 운이 없는 놈이야'라며 평소에 불평불만, 한탄, 험담을 일삼는 사람에게는 불운의 늪에 빠진 자신의 이미지가 잠재의식 속에 저장되어 버린다. 그리고 뇌는 하는 일마다 꼬였던 과거의 경험 데이터를 불러들인다. 반대로 1%에 속하는 성공그룹은 아무리 최악의 사태에 빠졌다고 해도 뇌가 먼저 부정적인 사고와 이미지, 감정을 지우고 성공했던 순간을 기억해 '나는 할 수 있다', '나는 운이 좋아'라고 반응하기에 하는 일마다 술술 풀리는 기적을 만든다.

 운이 좋은 사람은 반드시 운을 소중히 여긴다.
 운은 하늘이 내려주는 것이 아니라 사람이 만들어가는 것이다.

이것이 바로 운의 원칙이다.

인생이라는 난바다에서 우리가 한평생 끼고 사는 운에는 사업, 돈, 대인관계, 이성관계, 결혼, 가정, 자녀, 용모, 건강 등 너무나 많다. 이 책에서는 일(사업)을 중심으로 돈과 결혼, 자녀에 관한 운에 대해 이야기할 것이다. 아마도 책의 내용에 고개를 끄덕이며 맞장구를 치는 독자는 애당초 운이 좋은 사람이기 쉽다. 다시 말해, 이 책을 열심히 읽을 필요가 없는 사람이라는 얘기다. 한편 이 책을 꼭 읽어야 하는 사람, 즉 지금은 운이 없지만 앞으로는 운이 좋은 삶을 살아가려는 사람에게는 책의 내용이 어려울 수도 있다. 왜일까? 행운을 체험해본 적이 없기 때문이다. 물론 나는 운 좋은 앞날을 꿈꾸는, 지금은 운 없는 사람도 이해할 수 있도록 가급적 쉬운 표현으로 써내려갔다.

행운이란 무엇인가? 결국 좋은 인연이다.

운이 좋은 삶이란 무엇인가? 좋은 인연의 연속이다.

우선 이 책과 확실한 인연을 맺기를, 그래서 운의 본질을 이해하고 그 행운을 언제까지나 지속시키는 방법을 터득하기를. 그러면 당신은 틀림없이 일에서든 돈에서든 대인관계에서든 이성관계에서든 결혼에서든 가정에서든 자녀에서든 용모에서든 건강에서든 무지하게 운이 좋은 삶을 살아가게 될 것이다. 틀림없이 그렇게 될 것이다.

도대체 뭘 믿고 큰소리냐고? 앞서 얘기했듯이 운에는 원칙이 있기 때문이다. 운의 대원칙에 따라 살아가면 싫어도 운이 달라붙는 삶을 살아갈 수밖에 없다.

반대로 운이 멀어지고 계속해서 나쁜 방향으로 가게 되는 원칙도 있다. 이 원칙을 따르다 보면 잇따라 나쁜 일이 일어난다. 그래서 결국은 성공도, 돈도, 황홀한 연애도 그야말로 꿈속의 얘기가 된다. 지금부터 '나는 된다'는 강력한 자기암시법을 제대로 활용해 운이 달라붙는 삶을, 술술 풀리는 인생을 살아가길 바란다.

차례

Part 1 왜 1%의 사람만이 성공하는가

Part 2 뇌, 술술 풀리는 인생을 위한 열쇠

Part
1

왜 1%의 사람만이
성공하는가

성공에도 지름길이 있다

주변을 둘러보면 잘 되는 사람은 여전히 잘 되고, 잘 되는 회사는 불황을 모른다. 이처럼 성공하는 사람과 돈 버는 회사의 공통점을 살펴보면 운이 따라 다닌다는 것이다.

운이 있는 사람은,

- 무슨 일을 하든 척척 잘 풀린다.
- 운이 좋은 사람들과 자연스레 인연을 맺는다.
- 부부관계나 인간관계가 좋다.
- 노력하지 않아도 운이 알아서 찾아온다.
- 늘 명랑하고, 기발한 아이디어가 끊임없이 떠오른다.

그렇다면, 이제 중요한 것은 어떻게 하면 좋은 운을 나한테 끌어들일 수 있느냐이다.

내가 운영하는 능력개발연구소에는 프로 스포츠선수, 코치, 사업가, 경영자 등 다양한 직종과 직업의 사람들이 상담차 찾아온다. 물론 일이 잘 풀리고 있을 때 상담하러 오는 경우는 거의 없다. 연구소 문을 두드리는 축은 대체로 일이 잘 안 풀려서 만사가 답답한 사람들이다.

일본 프로축구팀 가시와레이솔에서 포워드로 활약하는 기타지마 히데아키 선수도 그중 한 사람이었다. 기타지마 선수가 내 연구소를 방문한 것은 서글픈 2군 생활을 3년째 이어가던 무렵이었다. 고등학교 시절부터 주목받는 축구선수로 큰 활약을 보이던 그는 상당한 기대 속에 프로팀에 입단했지만, 이후 늘 바닥을 기고 있었다. 운이 없는 사람은 '재수 없는 기운'을 뿜는 법인데, 나를 찾을 당시 기타지마 선수 역시 예외는 아니었다. 182cm나 되는 키조차 왠지 왜소해 보일 지경이었다.

그러나 몇 시간의 면담 후 내 방을 나설 때 그는 완전히 다른 사람이 되어 있었다. 어느새 '운이 좋은 기운'에 둘러싸여 있었고 태도도 아주 당당해 보였다.

믿기 힘들겠지만, 그로부터 3개월 뒤 기타지마 선수는 감독의 눈에 띄어 지루한 2군 생활을 청산했다. 게다가 놀랍게도 그해 5게임 연속 골을 기록했다. 이듬해에는 주전 자리를 꿰차고 아시안컵 일본대표로 뽑히는가 하면, J리그에서 득점왕을 다투기까지 했다.

도대체 어떤 마법이 기타지마 선수의 운을 바꾸었을까? 내가 기타지마 선수에게 지도한 것은 결코 어려운 방법이 아니었다.

운을 바꾸는 기본적인 방법은 다음 두 가지다.

- 자기가 어떤 존재인지를 깨닫는다.
- 성공한 사람의 흉내를 낸다.

성공을 못 하는 것은 주변 환경이 아니라 자신에게 문제가 있어서이다. 필사적으로 노력하는 사람이 성공하지 못하는 이유는 자신이 지닌 문제를 모르고 있기 때문이다. 혹은 알고자 하는 의지가 없기 때문이다. 무작정 '열심히 한다'는 이제까지 자신이 취해 온 방식을 고집한다는 뜻이다. 아무리 열심히 해도 좋은 결과가 안 나오는 것은 성공할 수 없는 방식으로 열심히 하기 때문이다.

그러므로 잠재능력개발은 우선 자신을 아는 데서부터 시작해야 한다. 자신의 문제점이 무엇인지를 명확히 파악하면 사람은 금방 변할 수 있다. 눈앞의 현상(결과)에 좌우되지 않고 본질(원인)을 알게 되기 때문이다.

운을 바꾸는 두번째 방법은 성공한 사람을 흉내 내는 것이다. 골프도 자기만의 스윙을 고집하다가는 결코 늘지 않는다. 골프 실력 향상을 위해 가장 좋은 방법은 처음부터 프로골퍼한테 레슨을 받아 기본을 제대로 마스터하는 것이다.

운을 잡는 방법도 이와 비슷하다. 자기 방식대로만 열심히 하기보다는 운이 좋은 사람, 성공한 사람의 방식을 따라 해보는 것이다. 어려운 일이 아니다. 성공한 사람들의 사고방식, 습관, 행동패턴 등을 알고 따라 하다보면 어느새 당신도 틀림없이 성공을 거머쥐게 되어 있다.

꿈을 가진 사람은
머리가 좋은 사람을 이긴다

자신의 꿈을 실현시키는 사람과 그렇지 못하는 사람의 차이는 어디에 있을까? 흔히 성공한 사람은 자질이 있고, 능력이 뛰어나고, 머리가 좋고, 애당초 돈이 많았다고들 생각한다. 아니다. 사실은 정반대다. 그들은 자질이 없고, 머리가 나쁘고, 능력이 없고, 돈이 없었음에도 성공한 것이다.

어떤 분야든, 성공한 사람들에게는 다음 네 가지 공통점이 있다.

- 원대한 꿈을 가지고 있다.
- 결코 포기하지 않는 강한 열정을 지니고 있다.
- 철저하게 긍정적인 사고방식으로 무장하고 있다.
- 주변에 운 좋은 사람들이 몰려든다.

우선 성공한 사람들의 첫번째 공통점인 원대한 꿈에 대해서 이야기해보자.

꿈이 없다면 꿈을 실현시킬 수도 없다. 너무도 당연한 말이지만, 바로 여기에 성공의 열쇠가 있다. 사람들 중에는 자신의 꿈에 대해 딱 꼬집어 뭐라고 말할 수 없는 이가 있을 것이다. 이런 사람은 대체로 머리가 좋다. 그리고 머리가 좋은 사람은 복잡하고 어려운 이론을 좋아한다.

 머리가 뛰어난 사람일수록 성공하기 어렵다.

농담이 아니다. 군이 에디슨의 예를 들 필요도 없이, 성공한 사람 중에는 학업성적이 뒤처져 학창 시절 내내 별로 주목을 받지 못했던 사람들이 적지 않다. 학교교육의 틀에 잘 적응하고 성적이 뛰어난 사람들은 대체로 커다란 성공을 꿈꾸지 않는다. 그들에게는 올림픽에서 금메달을 딴다거나 프로야구 선수로 성공하려는 꿈 같은 것은 허황한 남의 얘기에 불과하다. 확률적으로 따지면 실현 가능성이 거의 없기 때문이다.

하지만 이론이나 수치, 논리적 분석 따위와는 상관없이 자신의 꿈이 반드시 실현되리라고 믿는 머리 나쁜 사람들이 있다. 일본의 여자마라토너 다카하시 나오코처럼 '시드니올림픽에서 42.195km

를 가장 빨리 뛰어 제일 먼저 골인하는 사람은 바로 나' 라고 여기는 선수가 있는가 하면, 일본 퍼시픽리그에서 7년 연속 타격왕을 거머쥔 후 미국 메이저리그로 건너가 대단한 활약상을 보이는 스즈키 이치로처럼 프로야구 스타가 되겠노라는 소년 시절의 당찬 꿈을 기어코 이룬 선수도 있다.

성공한 이들은 확률 따위는 무시하고 덤비는 비상식적인 사람들이다. 그들은 누가 봐도 불가능하다고 여기는 것들을 가능하다고 착각한다.

러시아의 슈퍼헤비급 역도선수인 바실리 알렉세예프는 역도계의 떠오르는 혜성으로 매번 기록을 경신하는 우수한 선수였다. 그러다가 그의 신기록 행진은 250kg에서 멈췄다.

"250kg을 드는 건 무리예요!"

의사와 학자들은 250kg은 인간의 한계라고 말했다. 그러던 어느 날 한 심리학자가 그의 트레이너에게 말했다.

"역기 위에 251kg을 올려놓고 알렉세예프에겐 249.5kg이라고 말하세요."

사실을 모르고 있던 알렉세예프는 251kg을 번쩍 들어올렸다. 나중에 트레이너가 그 사실을 알려주었을 때 그는 놀라움을 금치 못했다. 이후 그는 7년 동안 무려 80차례나 세계 신기록을 경신했다. 육체적으로 달라진 게 없지만 '할 수 없다' 라는 마음의 벽을 깨고 '가능하다'라고 생각을 바꾸자 잠자고 있던 능력이 깨어나게 된 것이다.

한편, 99%에 해당하는 사람들은 가능하다는 착각 대신 상식에 집착한다. 머리가 좋은 나머지 과거의 정보들을 참조해 근사한 꿈일수록 실현하기 힘든 것으로 이해한다. 여기서 과거의 정보들이란 대체로 부정적인 정보들이다.

내 경우만 해도 무참히 박살나버리고 말았던 과거의 꿈들이 머릿속 기억창고에 숱하게 저장돼 있다. '반에서 1등을 한다(노력했지만 학업성적이 우수한 형의 놀림감이 되는 점수밖에 못 땄다)', '그녀와 꼭 데이트를 한다(데이트는커녕 말도 걸지 못했다)', '모모 대학에 반드시 합격한다(내가 낙방한 그 대학에 다니는 형이 그렇게 부러울 수가 없었다)…….'

과거의 부정적인 정보들에 집착하는 한 자신의 꿈은 멀어질 수밖에 없다.

이른바 상식적인 인간은 현실과 타협하는 사고방식을 지니고 있다. 문제는 이러한 사고방식이 무의식중에 작동한다는 데 있다. 상식적인 인간은 꿈을 갖고 싶어도, 미래를 긍정적으로 그려보고 싶어도 자신도 모르게 어느새 현실과 타협한다. 당연히 꿈이 있어도 그 꿈을 믿을 수 없고 진지하게 소망을 품을 수도 없다. 그래서 결국 성공하지 못하는 99%의 그룹에 속하게 되는 것이다.

- 꿈이 없으면 열정이 안 생긴다.

- 꿈이 없으면 인내심을 키울 수 없다.

- 꿈이 없으면 근성이 사라진다.

- 꿈이 없으면 행동하기가 귀찮아진다.

- 꿈이 없으면 매사에 의욕이 없어진다.

열정을 불태우는 놈을
당해낼 재간은 없다

성공한 사람들의 두번째 공통점은 '열정'이다. 물론 열정은 성공한 이들만의 전유물은 아니어서 99%의 평범한 사람들도 지니고 있다. 어떤 목표를 향해 자신의 모든 것을 불사르던 기억은 누구에게나 있으리라. 하지만 대다수의 사람들은 그때의 희열과 전율을 오래 간직하지 못하고 쉽게 잊어버린다. 99%의 사람들이 성공에 이르지 못하는 이유가 여기에 있다.

성공한 사람들은 언제까지나 열정을 유지한다. 그들의 열정은 격렬하고도 무한히 불타오를 수 있는 경이적인 지속력을 반드시 갖고 있다. 프로야구든 프로축구든 일류 선수들의 특징은 용광로처럼 뜨거운 열정을 끊임없이 불태운다는 것이다. 사업, 정치, 예술, 학문 연구, 예능, 기능, 수험…… 그 어떤 분야에서든 열정을 지속시킨 사람만이 승리를 쟁취한다.

평범한 사람들의 열정에는 지속성이 없다. 길어봤자 3개월이다. '5월병'이라는 말도 있듯이, 희망에 불타 가슴을 쫙 펴고 들어간 대학이나 회사에서도 한두 달이 지나면 벌써 열정을 상실한다. 열정이 넘치는 상태, 가슴이 뛰는 상태를 지속시키는 것만으로도 성공은 쉽게 다가온다. 하지만 그들은 가슴 떨리는 열정을 단 3개월도 유지하지 못한다.

왜일까? 평범한 사람들은 뛰어난 적응력을 가지고 있기 때문이다.

전국고교야구대회 출전을 목표로 하는 야구부의 의뢰를 받아 멘탈트레이닝을 지도하다보면 약한 팀일수록 현실에 대한 적응능력이 뛰어나다는 것을 알 수 있다. '지역예선에서 4강까지 올라가본 적이 없다', '우리 팀에는 좋은 선수가 없다'고 하는 현실에 확실히 적응해 있다. 내 역할은 그들을 상대로 의식혁명을 일으키는 일이다.

기업체의 임원교육을 가봐도 사정은 마찬가지다. 수강생들은 경기불황, 실적부진, 회사체질 등에 훌륭히 적응해 있다.

   열정이 없는 사람일수록 적응능력이 뛰어나다.

왜 1%의 사람만이 성공하는가? 꿈을 실현하고자 하는 인간 앞에 역경 아닌 현실이란 없기 때문이다. 게다가 역경 속에서일수록 인간은 불가피하게 자신의 능력 부족과 마주할 수밖에 없다.

　적응능력이 뛰어난 범인들은 눈앞의 역경이나 자기 자신의 능력 부족과 맞닥뜨릴 때마다 '주변 여건이 나빠 어쩔 수 없어', '나야 원래 이 정도 수준밖에 안 되니까' 하는 식으로 자위하며 쉽게 주저앉는다. 하지만 적응력이 현저히 떨어지는 1%의 사람들은 아무리 참담한 상황에서도 목전의 역경이나 자신의 능력 부족을 순순히 인정하고 물러앉지 못한다. 그들은 오히려 꿈이나 소망을 실현시키려는 열정을 더욱 불태우며 환경을 바꾸고 스스로를 바꾼다.

착각이라도 좋다, 긍정적으로 생각하라

긍정적인 사고가 중요하다는 사실은 많은 사람이 강조하는 바다.

거래처에 새로운 사업거리를 제안하려는 비즈니스맨 D씨. '내가 생각해낸 기획이니까 분명히 성공할 거야'라는 긍정적인 사고로 프레젠테이션에 임했다. 이때의 긍정적 사고는 팔려고 하는 '상품'에 대한 신뢰도를 높일 것이다. '실패할지도 모른다'는 부정적인 생각을 가지고 일을 추진할 때와는 큰 차이가 난다.

하지만 진정으로 긍정적인 사고방식이란 이 정도에서 그치는 것이 아니다. 진정한 긍정적 사고방식의 정체는 문제의 기획이 완전히 실패로 돌아가고 모멸감을 겪었을 때 나타난다.

화가 나고 원통해서 눈물을 글썽이는 것은 어쩔 수 없다 치자. 똑같은 상황에서 99%의 사람들은 '내가 애써 마련한 기획이 무참히 거절당하다니!', '이제 저 담당자는 꼴도 보기 싫어!'라고 생각한다. 그러나 D씨의 경우는 화를 내지도, 슬퍼하지도 않는다. '저렇게까지 핀잔을 준다는 것은 내게 그만큼 큰 기대를 걸고 있다는 증거다. 일종의 애정 표현인 셈이지. 다음번엔 더 대단한 기획으로 저 사람의 애정과 기대에 보답해야겠다!'

오직 1%의 사람만이 이 같은 착각을 할 수 있다. 실제로 D씨는 1개월 뒤, 담당자가 깜짝 놀랄 기획을 고안해 보기 좋게 성공시켰다고 한다.

주변 상황이 어떻든 간에, 아무리 최악의 사태에 빠졌다 해도 '나는 할 수 있다', '나는 운이 좋다'고 생각하는 사람이 있다. 착각이든 오해든, 하여튼 매사를 긍정적으로 보는 것이다.

99%의 평범한 사람들은 그를 두고 '뭐야, 바보 아냐?'라고 생각할지도 모른다. 하지만 어떤 분야에서든 정상에 오른 사람은 틀림없이 그런 바보들이다. 대스타를 꿈꾸는 여배우는 선배 연기자에게 꾸지람을 듣고 울음을 터뜨리더라도 '내가 너무 예쁘고 재능이 뛰어나니까 질투하는 거야'라고 생각한다.

사람마다 '긍정적인 사고방식이 중요하다', '긍정적으로 생각하라'고 역설한다. 그래서 많은 이들이 긍정적인 인간이 되고자 노력한다.

미안하지만, 진실은 이렇다.

실제로 해보면 알겠지만, 긍정적인 사고방식이라는 것이 노력한다고 지닐 수 있는 것이 아니다. 노력해서 얻을 수 있다면 모두가 옛날에 성공했을 것이다.

왜 긍정적인 사고방식이 어려운가? 사고라는 것이 홀로 독립되어 있지 않기 때문이다. 사고는 감정에 따라 움직인다. 부정적인 감정 상태에서 사고만 긍정적으로 할 수는 없다. 가슴은 '운이 없다'고 하는데 머리만 '운이 좋다!'고 생각할 수는 없는 것이다.

'긍정적인 사고를 하자'는 발상에는 '나는 부정적이야'는 전제가 깔려 있다. 그래서 부정적인 사고방식을 가진 사람일수록 긍정적인 사고방식을 지니고자 노력하는 것이다.

그렇다면, 매사를 자연스럽게 긍정적으로 생각할 수 있는 방법은 무엇일까? '긍정적인 사고를 하면 성공할 수 있다'고 주장하는 이들조차 이상하게도 여기에 대해서는 아무런 언급이 없다. 왜일까? 그들도 모르기 때문이다.

이제 성공한 사람들의 마지막 공통점을 살펴보면서 간단하게 긍정적인 사고방식을 지니는 방법을 알아보기로 하자.

운이 좋은 사람을 곁에 둬라

성공한 사람 주변에는 이상하게 운이 좋은 사람들이 몰려든다. 혼자만의 힘으로는 꿈을 이룰 수 없듯, 성공이란 요컨대 함께 모인 사람들이 지닌 행운의 축적이라 할 수 있다. 세상을 변화시키고 움직이는 것은 이렇게 운이 좋은 사람들이 모여 이룬 집단이다. 혼다나 소니를 비롯해 세계적인 기업들의 창업기를 보면 행운의 주인공들이 모여 신기한 에너지를 만들어냈음을 알 수 있다.

내 주변에도 친구 5명이 벤처기업을 일으켜 5년 뒤 1인당 월수입이 1억 원을 돌파할 정도로 성공한 경우가 있다. 여기서도 신기한 에너지가 작용했다. 첫 해와 이듬 해에는 직원들에게 봉급조차 줄 수 없을 정도로 실적이 바닥이었다. 하지만 그들은 그 와중에도 '우리에겐 운이 있다', '반드시 성공할 수 있다'는 착각을 계속하면서 지금의 고생은 훗날 성공했을 때 소중한 추억거리가 될 것이라며 서로를 격려했다. 바닥을 기면서도 누구 한 사람 성공을 믿어 의심치 않고 돌진할 수 있었던 그들 다섯의 똑같은 괴짜 기질이 결국 시너지효과를 불러 월수입 1억 원 돌파라는 신화를 일구어낸 셈이다.

세계적 기업의 창업주나 벤처기업을 성공시킨 다섯 친구의 예에서 보듯, 운이 좋은 사람은 어떻게 해서든 운이 좋은 사람들을 자기 쪽으로 끌어들인다. 반대로, 운이 없는 사람한테는 희한하게도 운이 없는 사람들만 몰려든다.

내 아버지를 예로 들어보자. 아버지는 근면 성실함의 본보기라 해도 틀린 말이 아닐 만큼 엄청난 노력가로, 행운 따위를 굉장히 싫어했다. 당연히 운이 따를 리가 없었다. 69세로 타계하기까지 평생을 노력과 고생으로 점철했다.

정의감이 강하고 사회적 약자를 돌보며 반골 기질도 강한 분이었다. 유유상종이라고 했던가. 아버지의 주변에 모인 친구들은 하나같이 운이 없는 사람들이었다. 꿈이나 소망을 이야기하기보다는 주로 '세상이 잘못되었다', '사회가 썩었다'는 한탄을 늘어놓으며 그것을 안주 삼아 술을 마셨다. 대화는 늘 부정적인 내용으로 넘쳐났다.

물론 모두가 처음부터 운이 없지는 않았을 것이다. 장밋빛 미래를 꿈꾸던 사람도 분명 있었으리라. 하지만 누구든 운이 없는 사람들과 어울리고 재수 없는 말을 입에 올리다보면 그 또한 틀림없이 운이 없는 사람으로 전락하게 되어 있다.

😖 불운은 전염된다.

따라서 친구를 사귈 때는 정말 조심해야 한다. 운이 없는 사람과 함께 있으면 자신의 운조차 나빠진다. 무의식중에 운이 날아가는 사고와 행동을 취함으로써 자연스럽게 운을 쫓아버리기 때문이다.

- 운이 없는 사람과 함께 있으면 운을 쫓아내는 사고방식이 몸에 밴다.
- 운이 없는 사람과 함께 있으면 불만이 많아진다.
- 운이 없는 사람과 함께 있으면 계속해서 운이 없는 친구만 생긴다.
- 운이 없는 사람과 함께 있으면 불운을 당연시하게 된다.
- 운이 없는 사람과 함께 있으면 운이 있는 사람이 도둑놈처럼 보인다.
- 운이 없는 사람과 함께 있으면 평생토록 운이 멀어진다.

이 같은 현상을 나는 '감응현상' 혹은 '동화현상'이라고 부른다. 물론 감응 또는 동화현상은 운이 좋은 사람한테도 일어난다.

다시 말해 운이 좋은 사람은 운이 좋은 사람들과만 어울리고, 그래서 더욱 많은 행운을 거머쥐게 되는 것이다.

운의 원리에는 '운이 좋은 사람은 운이 좋은 사람하고만 사귄다'는 대원칙이 있다. 상승기류를 탄 사람은 상승기류를 탄 사람끼리만 모이고, 이로써 배가된 상승효과에 따라 더욱 높은 곳으로 올라간다. 반대로 운이 없는 사람은 운이 없는 사람끼리만 어울리고, 그러다보니 더욱 밑바닥으로 추락한다.

'운이 좋은 사람과 사귀어라.' 사실 이는 '긍정적으로 생각하라'라는 조언 못지않게 여기저기서 자주 듣는 말이다. 하지만 문제는 운이 좋은 사람이 과연 당신과 사귀고 싶어하느냐는 데 있다. 그렇다면 이쯤에서 한 가지 묻고 넘어가자. 당신에게는 어떠한 상황에서도 당신의 소중한 꿈을 함께 나눌 수 있는 친구가 있는가? 그 친구와 함께라면 반드시 꿈을 실현할 수 있다는 생각이 드는가? 대답이 '그렇다'라면 당신은 이미 성공을 예약해놓은 상태라고 봐도 좋다.

같은 꿈을 꾸는 친구는
성공의 가속페달

사실 성공한 사람들의 네 가지 공통점을 보면 하나같이 능력이나 재능과는 별로 상관이 없는 것들이다. '원대한 꿈', '결코 포기하지 않는 강한 열정', '철저하게 긍정적인 사고방식', '운 좋은 사람들과 어울리기'.

행운을 거머쥐고 싶다면, 성공하고 싶다면 누구든 이 네 가지 조건을 충족시키면 된다. 아직 감을 못 잡은 사람들을 위해 네 가지 조건을 보다 구체적이고 친근한 표현으로 바꿔보자.

☺ 성공을 거머쥐는 사람은 꿈을 꾸며, 언제까지나 그 꿈을 잃지 않으며, 스스로 꿈을 이룰 수 있다고 믿으며, 꿈에 관한 이야기를 진지하게 들어주는 친구가 있다.

꿈을 실현하고 큰 성공을 이룬 사람들은 어떤 불우한 시대를 타고났다 해도 꿈을 공유할 수 있는 친구가 있었다. 혼다의 창업자 혼다 소이치로에게는 25년 동안 그와 고락을 같이하며 혼다자동차를 세계적인 기업으로 키운 평생의 사업 동반자 후지사와 다케오가 있었고, 소니를 세운 이부카 마사루에게는 모리타 아키오(소니의 공동창업자. 이부카 마사루와 함께 가내공업 수준의 공장에서 출발해 '세계 속의 소니'를 일구어냈다)가 있었다.

그들은 함께 꿈을 이야기하며 성공에 대한 이미지를 나누어 가졌다. 꿈을 공유할수록 목표를 달성하려는 열정이 불타오르는 법이다. 그리고 이러한 과정을 통해 성공에 대한 확신도 점차 굳건해진다.

이것은 가장 바람직한 이미지트레이닝의 전형이다. 신뢰하는 친구가 고개를 끄덕이며 진지하게 꿈에 관한 이야기를 들어준다면 누구나 기쁠 것이다. 이쯤 되면 이미 반쯤 꿈을 달성한 기분에 빠진다. 성공할 수 있다는 긍정적 사고와 함께 감정도 긍정적인 상태이니 그의 내부에서 완벽한 상승효과가 일어날 것임은 두말할 나위가 없다. 바로 이러한 사람만이 아무리 힘든 역경 속에서도 기적을 믿을 수 있는 법이다.

운이 없는 사람은 열심히 정반대 꼴로 이미지트레이닝을 한다.

😣 성공하지 못하는 사람은 불평불만, 한탄, 험담을 나누는 친구가 있다.

만약 당신이 평소에 불평불만, 한탄, 험담을 일삼는 사람이라면 지금부터라도 당장 그런 재수 없는 입버릇을 그만두는 것이 좋다. 술자리에서라 해도 예외가 아니다. 불평불만과 험담, 한탄 따위를 늘어놓을 때마다 부정적인 감정, 부정적인 사고가 점점 강화되어 당신의 인생에서 꿈이나 소망의 실현이 갈수록 더 멀어진다.

일 못하는 사람의 변명,
나는 운이 없어!

A씨가 술에 쉬해 지갑을 잃어버렸다. 지갑이란 대체로 돈이 많이 들었을 때 잃어버리는 법이니 상당히 충격이 클 것이다. 이런 상황에서 대부분의 사람들은 한숨을 푹 쉬며 '재수가 없었노라' 위로하고 넘어간다.

하지만 A씨의 아내는 어떤 반응을 보일까? 지갑을 잃어버렸다는 남편의 칭얼거림에 '참 운이 없었네요, 당신'이라는 말로 선뜻 그를 위로하려 들진 않는다. 왜냐하면 재수가 없는 것은 남편이 아니라 자신이기 때문이다. 술에 잔뜩 취한 채 지갑까지 잃어버리고 집에 돌아온 남편. '내가 이런 남자와 결혼하다니 지지리 운도 없지……'

우리 삶에는 분명 운이라는 것이 있다. 행운의 파도에 올라탔을 때는 무슨 일을 하든 척척 잘 풀린다. 반면, 불운의 늪에 빠지면 하는 일마다 뒤죽박죽이다.

불운의 늪에 발을 담그고 있으면 어떤 일이 일어날까? 예컨대 이런 식이다.

- 열심히 하는데도 결과는 늘 시원찮다.
- 재수 없는 사람을 만나게 된다.
- 부부관계, 인간관계가 나빠진다.
- 노력하면 할수록 일이 꼬인다.
- 스트레스가 쌓이고 건강이 나빠진다.

지갑을 잃어버리는 것은 결코 우연이 아니다. 소중한 물건을 잃어버리거나 도난당한다는 것은 벌써 불운의 늪에 빠져 있다는 징조다. 아내 역시 '이런 재수 없는 남자와 결혼하다니' 하고 후회하지만, 버스는 이미 떠난 후다.

"정신 차려요. 입사 동기인 B씨는 벌써 과장이 되었는데 당신은 대체 뭐예요? 지갑이나 잃어버리고 다닐 때가 아니잖아요."

속이 뒤틀린 아내의 타박이 이 정도 수위에 이르면 남편도 가만 있지 않는다.

"그 녀석은 그저 운이 좋아서 그렇게 된 거야. 줄을 잘 서서 빨리 승진한 거라고. 실력은 내가 더 좋다니까!"

물론 아내의 귀에는 변명으로밖에 들리지 않는다.

우리는 지금 연공서열과 종신고용에 의한 피라미드형 경영이 붕괴되고 본격적으로 돌입한 실력주의, 성과주의 시대에 살고 있다. 따라서 앞으로는 '운이 좋아서' 혹은 '줄을 잘 서서' 식의 운과 관련된 이야기를 여기저기서 더 자주 듣게 될 것이다.

실력사회로 접어들면 운에 관한 이야기가 늘어날 수밖에 없다. 실력이 문제되면 문제될수록 운이 점점 중요한 의미를 지니게 되기 때문이다.

'운 따위는 미신이다', '운 같은 게 있을 리 없다'고 생각하는가? 그렇다면 내가 볼 때 당신은 틀림없이 일을 못하는 사람이다. 왜냐하면 인간은 운 없이는 커다란 성과를 올릴 수 없기 때문이다.

세간의 인식과 달리 운과 실력은 전혀 모순관계가 아니다. 실력주의니 능력주의니 하지만, 과연 '실력' 혹은 '능력'이란 무엇을 의미할까? 머리 회전이 빠르다, 말재주가 뛰어나다, 아이디어가 훌륭하다, 외국어를 능숙하게 구사한다, 컴퓨터를 잘 다룬다……. 물론 이런 것들도 하나의 능력이다. 하지만 탁월한 두뇌나 뛰어난 언변, 훌륭한 아이디어, 국어보다 능숙한 외국어 실력 등을 지니고 있으면서도 성공과는 거리가 먼 삶을 살아가는 사람이 세상에 운이 좋은 사람은 똑같은 밤길을 걸어도 이렇게 다르다. 운이야 말로 실력이다.

고작 지갑 따위를 줍는 사람은 운이 없는 사람이다.

그렇다면, 당신은 대체 어느 만큼의 운을 지니고 있을까? 다음 질문을 통해 가늠해보자.

- 지금까지의 삶을 되돌아볼 때 스스로 운이 좋았다고 생각하는가?
- 스스로를 현재 운이 좋은 사람이라고 말할 수 있는가?
- 주변에 운이 좋은 사람이 있는가?
- 좋은 동료 혹은 상사나 부하와 함께 있다고 여기는가?
- 운이 좋은 사람과 사귀고 있는가?

위의 다섯 가지 질문에 모두 '그렇다'고 답할 수 있는 사람이라면 당장 친구들을 불러 모아 성대하게 축하파티를 벌여도 좋다. 왜냐하면 전체 인구의 1%에 속하는 '성공이 보장된 사람'에 속하기 때문이다. 이 그룹에 속하는 사람은 싫어도 성공할 수밖에 없다. 미래의 성공을 고려하면 파티비용 따위는 전혀 아까워할 것이 못 된다.

이쯤에서 반론을 제기하는 사람이 있을지도 모르겠다.

'거품경제가 붕괴되고 경기는 바닥이다. 사회 전체가 힘든 상황이다. 이런 시대를 사는데 어떻게 운이 좋다고 생각할 수 있단 말인가?'

이런 사람이야말로 전형적인 재수 없는 사람이다. 모든 일이 착착 풀릴 때 운이 좋다고 말하는 것은 당연하다. 동물원의 원숭이라 할지라도 구경꾼이 던진 바나나를 잡으면 '운이 좋다'고 여기고, 우두머리 원숭이가 그 바나나를 낚아챈다면 '재수 옴 붙었다'고 생각할 것이다.

99%의 사람들은 조금만 안 좋은 일이 벌어지면 '운이 없다'거나 '재수가 없다'고 치부한다. 하지만 1%의 사람들은 어떤 상황에서도 운이 좋다고 생각한다. 그들은 아무리 불우하고 괴로운 시절에도 '나는 운이 좋다', '나는 된다'고 여기는 괴짜들이다. 거품경제가 붕괴돼도 '좋아, 가는 거야', 경기가 바닥이어도 '좋아, 가는 거야!' 하고 부르짖는다. 그들은 위기든 호황이든, 다시없는 기회로 여기고 모든 일에 열정을 쏟아 붓는다.

바나나를 우두머리에게 빼앗겨도 '나는 운이 좋아. 지금은 바나나를 빼앗겼지만 언젠가는 더 많은 바나나가 나한테 오게 되어 있어'라고 생각하는 원숭이는 장차 반드시 우두머리 자리에 올라선다.

중요한 것은 지금, 바로 이 순간이다. 지금 운이 없다고 여기는 사람이 앞으로라고 좋은 운을 누릴 리 없다. 그것은 있을 수 없는 일이다. 슬프게도 운이 더욱 나빠질 수는 있겠지만 말이다.

🙁 지금 운이 없다고 여긴다면 앞으로도 운이 없다.

받아들이기 힘들지 모르지만, 이것이 현실이다. 그리고 대부분의 사람들은 이처럼 힘든 현실을 살아가고 있다. 그러니 오늘부터라도 당장 운이 좋은 사람으로 다시 태어나야만 한다.

'노력하면 반드시 성공한다'라는
거짓말

세상에는 열심히 살아가는 사람이 많다. 과소비니 뭐니 말들이 무성하지만, 불경기 속에서도 대다수의 사람들은 진지한 자세로 열심히 노력하며 살고 있다.

하지만 유감스럽게도 도덕적인 가치와 사회적 가치가 반드시 일치하지는 않는다. 남보다 두 배 노력한다고 해서 두 배 성공한다는 보장은 없다. 오히려 노력해서 성공하는 사람보다 노력했는데도 실패하는 사람이 압도적으로 많다. 성공하지 못하는 사람일수록 안쓰러울 정도로 열심히 노력하는 것이 현실이다.

예컨대 적자에 허덕이는 회사의 사장과 엄청난 흑자를 내는 회사의 사장 중 어느 쪽이 더 필사적으로 노력할까? 분명 전자다. 그야말로 숨넘어갈 정도로 노력한다. 잘나가는 연예인과 이름조차 모르는 연예인 중에서는? 후자가 훨씬 더 많이, 더 열심히 노력한다.

프로야구나 프로축구의 2군 선수들을 보면 정말 피나는 노력을 쏟는다. 하지만 노력하고 노력해도 1군으로 올라가지 못한다. 나는 그 선수들의 눈물겨운 노력을 안쓰러울 정도로 많이 봐왔다.

거기서 얻은 결론은 이렇다.

- 운이 없는 사람의 노력은 결코 열매를 맺지 못한다.
- 운이 없는 사람의 노력은 괴롭고 고통스럽다.
- 운이 없는 사람은 결국 노력하다 지친다.
- 운이 없는 사람은 운이 없는 삶을 살아간다.
- 운이 없는 사람은 불운을 당연시한다.
- 운이 없는 사람은 매사를 부정적으로 생각한다.
- 운이 없는 사람은 불운을 미화하며 더욱 불운해진다.

운이 없는 사람들은 피나는 노력 끝에 원하는 결과를 얻지 못하고 꿈꾸는 행위 자체를 포기해버린다. 물론 노력은 바보 같은 짓이며 전혀 쓸데없는 짓이라고 주장하려는 것은 아니다. 노력 자체를 부정할 생각은 결코 없다. 다만 '노력하면 반드시 성공한다'는 말은 새빨간 거짓말이라는 얘기만큼은 분명히 해두고 싶다. 성공이 보장되지 않더라도 끊임없이 노력하는 것. 아마도 이는 인간으로서의 자존심에서 우러난 행위일지도 모르겠다. 도덕 군자로서 존경받기를 원한다면 그렇게 해도 상관없다. 하지만 우리가 원하는 것은 꿈의 달성이며 자아실현이다. 헛된 노력을 기울이기보다는 좋은 운을 끌어당겨 성공할 수 있는 방식을 고민할 필요가 있다.

'열심히 해라'에
따라다니는 꼬리표

운이 없는 사람일수록 자신이 열심히 노력하고 있다고 생각한다. 왜냐하면 우리들 머릿속에는 '노력이란 괴로운 것'이라는 그릇된 선입견이 입력돼 있기 때문이다. 따라서 스스로 열심히 노력하고 있다고 말하는 것은 괴로운 나날을 보내고 있다고 고백하는 것이나 마찬가지다.

거기에는 일종의 부정적인 사고가 깃들어 있다. 왜 노력이 괴로운가? 노력이 꼭 성공을 보장하지는 않는다는 생각을 벌써부터 하고 있기 때문이다.

😣 '열심히 노력하자'는 다짐은 성공을 보장하지 못한다.

'노력해라', '열심히 해라' 류의 격려는 웬만하면 하지 않는 게 낫다. 이와 같은 말에는 '너는 노력을 안 하니까 안 되는 거야', '지금 상태라면 반드시 실패할 거야'라는 부정적인 사고가 깃들어 있기 십상이다.

흔히들 장기적인 불황은 우울증환자를 증가시킨다고 한다. 이 병은 이른바 '완전연소(Burn Out)'를 좋아하는 사람, 다시 말해 열심히 노력하고 열심히 일하기를 좋아하는 사람일수록 걸리기 쉽다. 우울증환자한테는 절대로 '노력하라' 느니 '열심히 하라' 는 말을 해서는 안 된다. 이런 말에 깃든 부정적 사고가 환자를 더욱 괴롭히기 때문이다.

운에는 다음과 같은 원칙이 있다.

☹ 무엇이든 자기 혼자 힘으로만 하려는 사람은 운과는 인연이 없다.

어떤 꿈이든 혼자만의 힘으로는 결코 이룰 수 없다.

대다수의 사람들은 성공을 곧 개인적인 달성이라고 생각한다. 그러나 이는 정말로 큰 착각이다. 우리가 사는 세상에서 개인의 능력으로 이룰 수 있는 것이란 극히 한정되어 있다. 혼자서는 회사를 운영할 수 없고, 고객이 없으면 물건을 팔 수도 없다. 혼자서는 아이를 만들 수도 없다. 그럼에도 무엇이든 한사코 혼자 힘으로 해내려는 사람이 있다. 그는 혼자서 노력하고 혼자서 열심히 한다. 그 결과 얻는 것은 우울증뿐이다. 마음의 병이 생기는 것은 대체로 홀로 고립되어 있을 때이다.

운은 혼자만의 노력으로 거머쥘 수 없다. 운이란 다른 사람이 건네주는 것이다. 혼자 잘났다고 독불장군처럼 행세하는 사람은 결코 운과 인연을 맺을 수 없다.

굴러온 운을
발로 찰 수 밖에 없는 이유

앞서 운이 없는 사람은 지갑을 줍는 정도에 그친다고 말한 적이 있다. 하지만 대다수의 사람들은 어이없게도 지갑을 줍는 사람은 운이 좋다고 여긴다.

한편 지갑을 잃어버리는 사람은 대체로 운이 없다고들 여기는데, 그건 맞는 생각이다. 지갑을 줍는 것은 우연일 뿐이지만, 지갑을 잃어버리는 것은 틀림없이 운이 없는 생활을 하고 있다는 증거이기 때문이다.

누구나 운이 없는 삶을 살고 싶지는 않을 것이다. 만약 당신이 지갑을 잃어버리거나 사업에 실패하거나 아내로부터 매일같이 무능하다는 둥의 핀잔을 듣는 사람이라 해도 전혀 비관할 필요는 없다.

그런 사람일수록 오히려 자신감을 가져야 한다. 밑바닥 경험을 하지 않고 성공한 사람은 거의 없다. 진짜 성공을 이룩한 인물은 한 번쯤은 반드시 불우한 시절을 겪은 사람들이다. 다만 그들은 바닥을 기더라도 '나는 운이 좋아', '꿈은 반드시 실현될 수 있어'라는 생각을 잊지 않았다.

　사실이 이와 같다면 우리도 그런 사람이 되면 그만이다. '성공한 이들은 대체로 밑바닥 생활을 경험했으니, 지금 밑바닥을 기고 있다는 것 자체가 나한테는 이미 대단한 행운이다.' 이렇게 생각할 수만 있다면 당신은 틀림없이 성공할 수 있다. 하지만 99%의 사람들은 유감스럽게도 이렇게 생각하는 것이 불가능하다. 오히려 그들은 아무리 풍족한 환경에 놓여 있어도 투덜거리며 이런저런 불만이 많다.

　사람들은 흔히 길바닥에 떨어진 지갑을 주워 돈을 챙기면 운이 좋다고 여기면서도 자신이 누리는 매일의 삶에서 행운을 보려 하지는 않는다. 지금 몸담고 있는 직장에 다니는 것, 지금 함께 일하는 상사와 동료를 만난 것, 지금 위치에 선 자신의 모습 등을 두고 운이 좋다고 여기지는 않는다는 말이다. 왜일까?

　실은 우리 마음속에는 운이 좋다고 여길 수 없도록 만드는 부정적인 장치가 존재한다. 이 장치가 자꾸만 '나는 안 돼', '나는 할 수 없어', '나는 운이 없어'라는 식의 생각을 만들면서 앞으로 나아가려는 것을 방해한다. 성공으로 가는 길을 막는 이 방해꾼이 바로 '마음의 벽'이다.

업무가 짜증날 때, 대인관계에 문제가 생길 때, 자신의 능력 부족을 깨달을 때 우리는 갖가지 부정적인 생각에 빠져들곤 한다. 이유는 다름 아닌 '마음의 벽' 때문이다.

문제는 이 벽이 마음속에 있기 때문에 벽을 가진 당사자의 힘으로는 부수기가 힘들다는 데 있다. 따라서 혼자서는 아무리 열심히 해도 자신의 한계를 넘지 못한다. 혼자 힘으로는 성공할 수도, 꿈을 이룰 수도 없는 이유가 여기에 있다.

개개인이 지닌 한계를 돌파시켜주는 것은 다름 아닌 만남이다. 운이 좋은 사람과 만나 그로부터 행운의 기운을 받자. 자신의 능력 이외의 힘을 빌려 '마음의 벽'을 부숴보자. 우리 삶을 움직이는 운의 진정한 의미를 깨닫게 될 것이다. 남이 떨어뜨린 지갑을 주웠다고 '운이 좋다'며 기뻐한 자신의 모습이 부끄러워질 것이다.

많은 사람들이 행운을 거머쥐는 것을 '우연'이라고 생각한다. 운은 우연이 아니다. 운명이나 팔자와도 상관이 없다. 사실 운은 대뇌생리학에 의해 과학적으로 해명될 수 있다. 다음 장에서는 운의 대원칙을 과학적인 측면에서 보다 자세히 살펴보기로 하자.

Part 2

뇌, 술술 풀리는
인생을 위한 열쇠

일 잘하는 사람이
내기에서도 강한 이유

"내가 이겼네, 하하!"

"또 너냐? 오늘 참 재수 좋군."

겉으로는 웃지만 속은 부글부글 끓는다.

'저 인간은 포커면 포커, 업무면 업무, 어떻게 하는 일마다 운이 좋을까? 얼마 전에는 녀석이 제안한 판매전략이 대박을 터뜨려 사장한테 표창까지 받더니, 지난달에는 어려운 신규계약을 성사시켜 부서 사람들을 깜짝 놀라게 했잖아. 게다가 어느새 전 여직원들의 흠모의 대상이 되어 있더군. 왜 저 녀석만 모든 게 잘 풀리는 걸까? 다음 인사이동 때는 분명 승진하겠지……. 좋아, 이번엔 한방으로 날려주지!'

웃는 얼굴과 달리 비비 꼬여드는 속을 애써 감추고 판돈을 올려

과감하게 승부를 걸어보지만, 역시나 지고 만다.

☺ 일을 잘하는 사람은 게임에서도 강하다.
☹ 일을 잘 못하는 사람은 게임에서도 약하다.

잘나가는 사람은 이상하게도 게임이나 내기에서조차 강하다. 그가 지닌 지능이나 지식과는 전혀 상관이 없다. 운이 좋으면 아무리 머리가 나빠도 이기게 되어 있다.

업무도 술술 풀리고 게임도 이기면 희한하게 이성한테도 인기가 많다. 그에게는 꼬리에 꼬리를 문 듯 매일매일 좋은 일이 생긴다. 왜 이런 부러운 현상이 그한테만 일어날까? 그저 우연일 뿐일까? 아니다. 그가 아니꼬울 정도로 운이 좋은 것은 '예지능력' 때문이다.

예지능력이라고 하면 특별한 초능력을 연상할지도 모르겠다. 하지만 사실 이것은 사람이면 누구나 갖고 있는 능력이다. 옛사람들은 이를 '육감', '예감' 혹은 '번뜩임' 등으로 표현했다. 예지능력, 즉 미래를 내다보는 감이 적중하면 당연히 일이 잘 풀릴 수밖에 없다.

'예지능력 따위는 비과학적인 것이다. 그런 건 존재하지도 않는다'고 여기는 사람은 스포츠 경기를 집중해서 구경해보길 바란다. 스포츠의 세계에서는 반드시 뛰어난 예지능력, 다시 말해 제6감이 승부를 좌우한다. 최고의 축구선수는 무작정 공을 쫓아가지 않는다. 공이 선수를 따라다니는 듯 보일 정도로 공의 동선을 정확히 예측하며 움직인다.

'뭐야, 예지능력이라는 게 고작 그런 거야?' 하고 코웃음을 치는 사람도 있을 것이다. 축구선수가 공이 움직이는 방향을 예측하는 것은 훈련의 결과이고 확률의 문제라고 따질 수도 있겠다.

하지만 결론을 서두르지 말자. 운과 예지능력의 관계에 대해 좀 더 알고 난 후에 따져도 늦지 않다. 우선 다음 원칙을 기억하자.

☺ 운이 있는 사람일수록 눈에 보이지 않는 힘을 자기 것으로 만든다.

☹ 논리적으로 따지는 사람일수록 자기한테 오는 운을 놓친다.

마음의 무서운 작용, 예감

　회사마다 자기 사람을 뽑는 각기 다른 기준이 있다. 내가 운영하는 능력개발연구소에서 가장 중요시하는 인재채용 기준은 운이다. 우리 회사는 운이 안 좋은 사람은 절대로 안 뽑는다. 예컨대 작년 같은 경우, 놀랍게도 도쿄대학을 갓 졸업한 몇 명의 젊은이가 입사를 지원했지만 일언지하에 거절했다. 냉정하게 생각해보자. 아무리 취업난이 심한 시절이라 해도 일본 제일의 명문 도쿄대학까지 나와 우리 회사 같은 비상장 기업에 입사를 희망할 정도라면 어지간히 운이 없는 젊은이들임에 분명하지 않은가. 물론 구구절절한 사연이야 있겠지만 말이다.

　어쨌거나 우리 회사는 이제껏 운이 좋은 사람만 채용해왔고, 어느새 이 분야에서 가장 뛰어난 인재들의 집합소가 되었다. 스포츠

선수의 멘탈 지도 및 컨디셔닝을 담당하는 에사키 나오코도 그런 인재들 중 한 사람이다.

에사키는 1988년 서울올림픽 여자유도 48kg급에서 은메달을 획득한 행운아이자 간발의 차이로 정상을 놓친 아쉬운 경력의 보유자이기도 하다. 당시 그녀는 결승전에서 중국 선수와 맞붙었는데, 상대 선수와 큰 실력차가 없었음에도 지고 말았다. 왜였을까? 에사키는 '시합 도중에 투쟁심이 사라졌기 때문'이라고 그 이유를 설명한다.

"시합 도중 '질지도 몰라' 하는 느낌이 순간적으로 들었어요. '반드시 이긴다'라는 그때까지의 확신이 '이기고 싶다'로 바뀐 겁니다."

에사키의 마음속에 한순간 떠오른 '질지도 몰라.' 바로 이것이 예지능력이다. 그녀의 불길한 예감은 보기 좋게 들어맞아 아쉽게도 금메달을 놓쳤다. 에사키에게 투쟁심을 잃게 하고 패배라는 결과를 안겨준 주범은 경기 도중 뇌리를 스친 한순간의 불길한 예감이었던 것이다. 4년 동안 올림픽 금메달을 목표로 열심히 해온 훈련보다도 몇 초 동안의 예감이 승부를 가르는 데서 훨씬 비중이 컸던 셈이다. 바로 여기에 마음의 무서운 작용이 있다.

스포츠의 세계에서는 예감이 곧바로 현실로 변한다. 짧은 시간 속에서 명확하고도 극적으로 승부가 갈리기 때문이다. 에사키의 경험담에서도 볼 수 있듯, 거기서는 어떤 예감이 어떤 결과를 초래했는지가 아주 분명하게 드러난다.

하지만 예감이 곧 현실로 변하는 일은 비단 스포츠의 세계에서만 일어나는 것이 아니다. 사업에서든 시험에서든 연애에서든 똑같은 원리가 작용하고 있다.

- 이 일은 왠지 잘 안 될 것 같다 → 실패한다.
- 이 목표를 달성하는 것은 나한테는 무리다 → 달성하지 못한다.
- 그 대학에는 도저히 합격 못 할 것 같다 → 떨어진다.
- 그녀의 마음을 사로잡기는 힘들 것 같다 → 보기 좋게 차인다.

결과를 낳는 것은 곧 예감이요, 예지이다.

불길한 예감은
절대 빗나가지 않는다

　물론 모든 예감이 다 적중하는 것은 아니다. 들어맞는 예감이 있는가 하면 빗나가는 예감도 있다. 다만, 한 가지 신기한 사실은 불길한 예감일수록 잘 맞아떨어지는 경향이 있다는 점이다.

　'이 사업은 실패하는 게 아닐까?', '오늘 계약은 잘 안 되는 게 아닐까?' 문득 떠오른 이런 식의 불길한 예감은 대체로 현실로 나타나기 십상이다.

　　　😖 나쁜 예감일수록 현실로 나타나기 쉽다.

　불길한 예감이 적중하는 데는 몇 가지 이유가 있다. 그중 하나로 꼽을 수 있는 것이, 나쁜 예감은 아무런 노력도 요구하지 않기 때문이다. 반면, 좋은 예감이 실현되려면 반드시 어느 정도의 노력이 받쳐져야 한다.

28년 전, 나는 한 여성을 만났다. 무척 매력적인 여성이었다. 첫 만남에서 그녀와 '결혼하게 될지도 모른다'는 느낌이 들었고, 조금 시간이 흐른 뒤 이 느낌은 '반드시 결혼하게 될 거야'라는 확신으로 바뀌었다. 그리고 지금의 아내가 되었다.

당시만 해도 이성한테 꽤나 인기가 많았던 나는 평생의 이성운을 다 써버리는 것이 아닌가 싶을 정도로 많은 여성과 사귀고 있었다. 하지만 미래의 결혼상대자를 점찍은 다음부터는 전날까지 사귀던 모든 여자친구를 깨끗이 정리했다. 그러고는 내 예감이 꽂힌 그녀에게만 집중해 맹렬히 구애했다. 다양한 수법을 구사해 마침내 결혼에 골인했다.

'이 여자와 결혼하게 될지도 모른다'는 느낌은 좋은 예감이다. 그래서 결혼이라는 결과를 낳기까지 노력이 필요했다. 내가 그동안 알고 지내던 여자친구들과의 헤어짐을 아쉬워하거나, 인생의 동반자로 점찍은 그녀에게 용기를 내어 구애하지 않았다면 이 예감은 빗나간 추측으로 그쳤을 것이다.

만약 당시 내가 '저렇게 매력적인 여성에게는 틀림없이 결혼을 약속한 남자친구가 있을 거야'라는 예감을 가졌다면 어떻게 됐을까? 그녀에게 접근하려는 시도(노력)조차 안 했을 테고, 당연히 그녀는 내 불길한 예감대로 다른 남자와 결혼했을 것이다.

　불길한 예감일수록 잘 들어맞는 또 하나의 이유는 좋은 예감보다 나쁜 예감이 적중했던 기억이 우리의 뇌리 속에 훨씬 더 오랫동안 남기 때문이다. 우리는 건강이나 생명을 위협당한 일, 심각한 피해를 입은 일일수록 더 오래, 더 생생히 기억하는 일종의 자기방어본능을 갖고 있다. 이러한 자기방어본능 때문에 우리의 뇌에는 성공보다는 실패에 관한 기억데이터가 훨씬 더 많이 저장된다. 결과적으로 볼 때 실패는 나쁜 예감과, 성공은 좋은 예감과 결부된다. 그래서 똑같이 적중하더라도 좋은 예감은 금방 잊어버리는 반면, 나쁜 예감은 오래 남는 것이다.

　우리는 예정된 날짜에 받은 월급에 대해서는 기억하지 않는다. 우리가 기억하는 것은 예정된 날짜에 받지 못한 월급이다.

불가능을 가능으로 바꾸는 긍정적 예감

불황이란 나쁜 예감의 집합체이다. 불경기에는 너나없이 부정적인 사고에 익숙해져 나쁜 예감만 하게 된다. 그리고 이 나쁜 예감이 자꾸자꾸 맞아떨어지는 바람에 한번 불황에 빠지면 탈출하기가 몹시 어려워진다.

이러한 와중에도 좋은 예감을 이야기하는 사람들이 있다. 지금은 은퇴한 전 야구선수 신조 츠요시도 그중 한 사람이다.

일본 프로야구팀에서 활동하다 2000년 말 미국 메이저리그로 건너간 신조 선수는 시즌 개막 전, 기자들에게 이렇게 말했다.

"메이저리그 첫 타석은 안타가 될 겁니다. 지금까지 데뷔전은 모두 안타로 장식했으니까, 이번에도 안타가 되지 않겠어요?"

당시 인터뷰를 듣고 있던 야구평론가나 스포츠뉴스 진행자는 하나같이 웃음을 터트렸다. 일본에서도 별로 눈에 띄는 성적을 거두지 못한 선수가 메이저리그 첫 타석에서 안타를 치겠다고 호언장담하는 모습이 우습게 여겨졌을 것이다.

하지만 나는 그가 안타를 치리라고 확신했다. 그는 첫 타석에서 안타를 '치고 싶다'고 말하지 않았다. 분명히 안타가 '될 것'이라고 말했다. 이는 좋은 예감이다.

예측대로 신조 선수는 메이저리그 데뷔전 첫 타석을 안타로 장식했다. 텍사스히트(빗맞은 타구가 내야수와 외야수 중간에 떨어져 운 좋게 안타가 된 것)였는데, 내야수도 외야수도 잡지 못하는 안타를 치고 나가는 그의 모습을 두고 어느 야구해설자는 '신조답다'고 평했다.

하지만 그가 친 공은 원래 아웃이 되는 타구였다. 아웃으로 기록될 공을 안타로 만들어버린 것은 '안타가 될 것'이라는 그의 예감이었다. '칠 수 있다'는 긍정적이고 좋은 예감이 과감한 스윙을 불러 방망이에 빗맞은 공을 행운의 안타로 만든 것이다. 긍정적인 예지능력은 아웃조차 안타로 바꾼다.

예지능력에는 긍정적 예지능력과 부정적 예지능력이 있다. '틀림없이 할 수 있다'는 긍정적 예지능력은 '할 수 없는 일'조차 '할 수 있는 일'로 바꾼다. 한편, '할 수 없을지도 모른다'는 부정적인 예지능력은 '할 수 있는 일'도 '할 수 없는 일'로 만들어버린다.

'할 수 없을지도 모른다', '실패하면 어쩌지', '성공했으면 좋겠는데', '할 수 있으면 좋겠어…….' 99%의 사람들은 이상하게도 이런 부정적 예지능력을 갖고 살아간다.

 '좋은 예감'을 많이 가진 사람이 이긴다.
 '나쁜 예감'을 많이 가진 사람이 진다.

이것이 운의 법칙이다.

예감은 그대로 결과가 된다. 예지능력은 결과를 만들어낸다. 어떤 분야에서든 마지막 승자가 된 사람들은 운의 법칙을 현명하게 활용하는 법을 알고 있다. 그들은 한숨이나 부정적인 생각 대신 '나는 된다', '나는 운이 좋다', '나는 할 수 있다'는 예감을 달고 다닌다.

성공 예감은 작은 성공을
맛본 사람만이 누린다

세상에는 과학이나 상식으로는 도저히 설명할 수 없는 기이한 현상이 많다. 그중에서도 내가 가장 이상하게 생각하는 것은 '없는 사람일수록 소중히 여기지 않고, 있는 사람일수록 소중히 아는' 현상이다.

예컨대 돈이 없는 사람일수록 희한하게도 돈을 소중히 여기지 않는다. 거꾸로, 돈이 많은 사람일수록 돈을 소중히 다룬다. 따라서 돈이 없는 사람은 더욱 가난해지고 부자일수록 더욱 부자가 된다.

친구가 적은 사람은 우정을 소중히 해야 함에도 오히려 소홀히 한다. 그래서 점점 더 외톨이가 된다. 성적이 바닥을 기는 아이일수록 신나게 노는 반면, 우등생일수록 누가 시키지 않아도 더 열심히 공부한다.

　세일즈맨의 경우도 마찬가지다. 실적이 나쁜 세일즈맨일수록 열심히 일해야 하는데, 남들 일하는 동안에 어두운 영화관이나 PC방에 눌러앉아 아까운 시간을 죽인다. 조금 쉬어도 될 법한 잘나가는 세일즈맨일수록 그런 곳은 얼씬도 안 한다. 오히려 발바닥에 땀이 나도록 열심히 일한다. 그래서 엄청난 실적을 거둔다.

　이 불가사의한 법칙은 운에도 그대로 적용된다.

☹　운이 없는 사람일수록 운을 소중히 여기지 않는다.
☺　운이 좋은 사람일수록 운을 소중히 여긴다.

　왜일까? 공부를 못하는 아이가 공부를 안 하는 것은 '공부해서 좋았다'고 느낀 경험이 없고, 우등생이 된 자신의 모습을 예감할 수 없기 때문이다. 실적이 안 좋은 세일즈맨이 태만한 것은 좋은 실적을 거둬본 경험이 없고, 최고의 세일즈맨이 된 자신의 모습을 예감힐 수 없기 때문이다.

　운이 없는 사람이 운을 소중히 여기지 않는 것도 마찬가지 이치다. 이제까지 행운을 맛보고 기뻐한 경험이 없고, 운이 넘치는 자신의 모습을 예감할 수 없기 때문이라는 얘기다. 과거에 체험하지 못한 운을 어떻게 소중히 여기고 진정으로 믿을 수 있겠는가?

신조 선수가 '메이저리그 첫 타석 안타'를 예감한 것은 '첫 타석→안타'라는 경험이 뇌리에 깊숙이 박혀 있었기 때문이다. 고등학교 졸업과 동시에 드래프트 5위로 한신타이거즈에 입단한 신조 선수는 프로무대 첫 타석에서 결승홈런을 쳐내 화려한 데뷔전을 장식했다. 이때의 강렬한 체험은 메이저리그 첫 타석에 선 그에게 '이번에도 틀림없이 칠 수 있다'는 긍정적인 착각(예감)을 불러일으켰고, 결국 그는 안타를 쳐냈다. 일본에서의 야구 경험과 메이저리그를 똑같이 생각하는 터무니없고 바보 같은 착각이었지만, 그 착각이 완벽하게 현실로 바뀌었던 것이다.

다시 말해 예감은 과거의 경험에 바탕을 둔다. 성공 예감은 성공한 기억데이터로부터, 실패 예감은 실패한 기억데이터로부터 생겨나는 것이다.

1%라도 실패한다는
생각을 버려라

'실패는 성공의 어머니.' 오래전 나는 이 격언을 좌우명으로 삼고 무언가에 실패할 때마다 버릇처럼 떠올리면서 스스로를 위로했다. 하지만 지금 와서 생각해보면 이만큼 무책임한 격언도 없다. 만약 실패가 성공의 어머니임에 틀림없다면 세상은 성공한 사람들로 넘쳐나야 한다. 그도 그럴 것이, 전 인구의 99%를 차지하는 사람들은 성공하려고 줄기차게 실패만 하고 있으니까.

실제는 이렇다.

 실패는 실패의 어머니.
 성공은 성공의 어머니.

실패가 실패를 낳고 성공이 성공을 낳는 이유는 간단하다. 누구든 실패를 거듭할수록 머릿속에 실패에 대한 기억데이터가 많아지기 때문에 실패를 예감하기가 쉬워진다. 실패하는 모습은 너끈히 그려볼 수 있지만, 성공해서 기뻐하는 이미지는 거꾸로 매달려도 굴러나오지 않는다. '이번에도 실패하는 게 아닐까' 하는 부정적인 이미지트레이닝에 집중하기 때문에 보기 좋게 실패의 쓴잔을 마시게 된다.

반대로, 성공한 경험이 많을수록 성공을 예감하기가 쉬워진다. 이 성공 예감은 그대로 결과로 이어져 또 다른 성공을 부르게 되고, 나중에는 뇌 자체가 도무지 실패를 상상할 줄 모르는 뜻밖의 기적을 만들어버린다.

일본 프로야구팀 요미우리자이언츠의 나가시마 시게오 전 감독(현 명예감독)은 가공할 만한 긍정적 예지능력의 소유자임에 틀림없지만, 노력해서 그렇게 된 것은 아니다. 같은 팀에서 선수로 뛸 때부터 이미 신화적인 인물이었던 나가시마 전 감독은 젊은 시절에 거듭된 성공으로 실패를 상상할 수 없는 체질이 되어버렸다. 오죽하면 정규시즌이 종반으로 접어들어 선두팀과 9게임차가 벌어진 상황에서도 그로서는 여전히 우승 말고는 다른 무엇도 생각할 수가 없는 지경이었다. 이 정도면 일종의 예지능력장애, 그러나 아주 멋진 장애의 소유자인 셈이다.

나가시마 감독의 경우는 기억데이터가 온통 성공으로 채워진 진정한 천재형이다. 하지만 절망하지 말자. 우리 같은 보통 사람도 얼마든지 그와 똑같은 예지능력장애 상태가 될 수 있다.

'할 수 있다'와
'하고 싶다'의 엄청난 차이

5주년, 10주년, 15주년……. 숫자가 커지면 커질수록 새로운 각오를 요구하는 것이 이른바 결혼기념일이다.

아내는 '10주년이라니, 정말 세월 빠르네요'라고 감개무량한 척 말할지 모른다. 하지만 속마음은 어떨까? 남편을 냉정히 분석하며 과연 내가 이 남자와 결혼한 것이 현명한 선택이었는지 따지고 있을 것이다.

'프러포즈할 때는 분명 이렇게 약속했는데…….'

여자는 이럴 때 무시무시할 정도의 기억력을 발휘한다.

'10년 후에는 독립할 거고, 연수입이 지금의 열 배가 될 거고, 교외에 근사한 저택을 사줄 거라고 하더니, 이게 뭐야? 아직도 10년 전의 아파트에서 살고 있잖아!'

속으로 비슷한 생각을 하기는 남편도 마찬가지다.

'결혼 전에는 그렇게 상냥했었는데……', '이렇게 살이 찌고 몸매가 망가질 줄이야……'

친구 중 한 명이 어느 날 한탄조로 말했다.

"내가 결혼한 사람은 돼지처럼 살찐 여자가 아니라고. 처녀 때는 정말 날씬했었는데, 이건 완전 사기야, 사기!"

그에게 응수했다.

"이거 왜 이래. 너, 10년 전에 결혼하면서 네 아내가 지금처럼 될 거라고 분명히 예감했었잖아?"

자신의 결혼식 피로연이 끝나고 그는 내게 이렇게 말했던 것이다.

"장모님 봤지? 내 마누라도 나이 들면 자기 엄마처럼 저렇게 살이 찌는 거 아냐?"

날씬하게 드레스를 차려입은 신부의 모습을 보고 나는 그때 설마 했었다. 하지만 10년이 지나자 불안스레 속삭이던 친구의 예감은 보기 좋게 적중하고 말았다.

미래를 창조하는 것은 흔히 생각하듯 의지나 노력이 아니다. 예감이다. 10년 후, 20년 후에 당신이 맞을 현실은 바로 지금 당신이 예감한 그대로의 미래다. 긍정적인 예감이 중요한 이유가 여기에 있다.

20년 전만 해도 나는 머리숱이 많았다. 지금은 거의 3분의 2가 벗겨진 처량한 대머리 신세다. 거울을 볼 때마다 한숨이 절로 나온다. 하지만 곰곰 생각해보면 나는 고등학생 시절부터 '대머리가 되면 어쩌지?', '나이 들면 나도 아버지처럼 머리가 벗겨지는 게 아닐까?' 하는 걱정을 늘 달고 살았다. 불안에 떨며 예감한 대로 어느새 나는 대머리가 돼버렸다.

'10년 뒤에는 독립하고 싶다. 연수입은 지금보다 10배 정도 더 올리고 싶다. 그때는 집도 장만했으면 좋겠다.'

이는 예감이 아니라 희망사항이다.

'할 수 있다'와 '하고 싶다'는 엄청난 차이가 있다. '하고 싶다', '하면 좋겠다'는 생각의 뒤편에는 '무리일지도 모른다'는 예감이 숨어 있다. 표면으로 드러난 의식적 희망보다 이면에 숨은 무의식적 예감이 훨씬 강력하며 실현되기가 쉽다.

만일 재수 없는 예감, 불운한 무의식이 지배적인 남자와 결혼했다면 그 아내 역시 운이 없는 여자다. 마찬가지로 재수 없는 예감, 불운한 무의식으로 똘똘 뭉친 여자와 결혼한 남자라면 그 또한 억세게 운이 없는 사나이다.

만약 결혼 전에 남편이 그려 보인 미래의 청사진을 아내가 그대로 믿고 근사한 10년 후의 모습을 예감했다면 어떻게 되었을까? '많은 돈을 벌고 싶다, 집을 사고 싶다……'는 남편의 희망사항은 분명 현실이 되었을 것이다. 그녀가 남편의 말을 믿어주었다면 남편은 불철주야 열심히 일했을 테고, 좋아하는 커피 대신 맹물을 마셔가며 절약하고 재테크에도 신경을 썼을 것이다. 다시 말해 아내의 긍정적 예감은 남편의 희망사항을 현실로 만드는 촉매제 역할을 했을 것이다. 그러나 운이 없는 여자는 나쁜 예감을 하는 법이다. '이 남자가 설마 그렇게 큰일을 해내겠어?'

　거듭 강조하지만, 예감이 현실을 만든다.

　1년 후 당신의 모습을 이런 식으로 예감하라.

- 지금보다 능력이 두 배는 향상되어 있다.
- 지금보다 기술이 두 배는 향상되어 있다.
- 지금보다 생활수준이 두 배는 향상되어 있다.
- 지금보다 목표에 3분의 2는 접근하고 있다.
- 지금보다 인간적으로 더 성장하고 있다.
- 지금보디 더 행복한 가정을 이루고 있다.

자기혁신이 어렵다고?

사는 동안 한두 번쯤 '자신을 바꾸고 싶다'고 진지하게 생각해 보지 않은 사람은 거의 없을 것이다. 좀더 적극적이고 긍정적인 사람이 되고 싶다, 좀더 강인한 정신력을 지니고 싶다, 타인에게 호감을 주는 매력적인 사람이 되고 싶다…….

우리는 자기혁신 없이는 어떤 소원도 실현되지 않는다는 사실을 잘 안다. 어떤 의미에서 소원이나 목표는 우리의 능력을 끌어올리기 위해 존재한다. 5년 후, 10년 후의 목표를 실현하고자 한다면 지금부터라도 그 목표에 어울리는 모습으로 자신을 변화시킬 필요가 있다.

하지만 말이 그렇지, 자기혁신만큼 어려운 일도 드물다. 머릿속에 축적된 기억데이터는 '자신을 바꾸다니, 잘될 리가 없어'라고 끊임없이 속삭인다. 심리학이나 심리요법을 다룬 수많은 책에서도 자신을 바꾸는 일이 얼마나 고되고 힘든 일인가를 거듭거듭 역설하고 있다.

자기혁신. 정말로 그토록 어려운 일일까?

천만의 말씀이다. 결코 어렵지 않다.

⊗ 운이 없는 사람은 자신을 변화시킬 필요가 있어도 할 수 없다고 믿고 포기한다.

☺ 운이 좋은 사람은 얼마든지 변화가 가능하다고 확신하며 끊임없이 자기혁신을 실행한다.

사람들은 왜 사교집단에 넘어가는가?

　세상에는 자신을 바꾸는 일이 간단하다고 말하는 사람들이 있다. 사실 그들은 아주 거뜬히 인간을 바꾸어버린다. 일류 대학을 우수한 성적으로 졸업한 엘리트 직장인들을 하루아침에 범죄자로 탈바꿈시키는 것쯤이야 그들에게는 별반 어려운 일도 아니다.

　1995년, 옴진리교 신도들이 도쿄 지하철 전동차 안에 맹독가스인 사린을 살포한 옴진리교테러사건이 발생했을 때 매스컴에서는 '마인드컨트롤'이라는 단어가 빈번하게 흘러나왔다. 평범한 젊은이, 그것도 보통 이상으로 우수한 젊은이들이 무차별 살인을 계획하고 실행하는 엄청난 일을 벌일 수 있었던 것은 무엇 때문이었을까?

　이에 대한 답이 바로 '마인드컨트롤'이다.

세뇌라는 단어가 있듯이 마인드컨트롤이란 마음이 아니라 뇌에 영향을 주는 능력개발기법이다. 옴진리교테러사건은 뇌에 영향을 주면 사람이 얼마나 쉽게 바뀔 수 있는지를 보여준 단적인 예라 할 수 있다.

마인드컨트롤이 제대로 효력을 발휘하면 목숨 다음으로 돈을 좋아하던 사람도 희희낙락거리며 사교(邪敎)집단에 전 재산을 내놓게 된다. 주변 사람들에게는 정신 나간 인간으로밖에 안 보이겠지만, 그에게는 시주하는 일 자체가 쾌감이기 때문에 돈을 갖다 바치지 않고는 도저히 견딜 수가 없다. 그만큼 마인드컨트롤은 극적으로 인간을 바꾸어버린다.

이치나 이론으로 아무리 설득해도 그와 같은 극적인 변화는 절대 일어나지 않는다. 의욕을 내려고 제아무리 머리를 싸매고 생각해도 의욕적인 사람이 될 수 없고, 긍정적인 사람이 되자고 거듭거듭 마음을 다져도 결코 그런 사람이 될 수 없는 것이다.

마인드컨트롤은 마음이 아니라 뇌 자체를 바꿔버린다. 뇌를 바꾼다고 해서 무슨 뇌수술을 하는 것은 아니다. 특정한 수법을 이용하면 인간의 사고패턴, 감정패턴, 가치관 등은 얼마든지 바꿀 수 있다. 하지만 본인은 정작 자신의 뇌에 변화가 일어나고 있다는 사실을 전혀 인식하지 못하므로 수술보다 훨씬 무섭다고 할 수 있다.

마인드컨트롤의 첫 단계는 '흔들기'이다. 상대가 지니고 있는 가치관을 흔들어 기존의 기억데이터에 의해 굳어진 사고방식을 우선 부수는 것이다.

예컨대 공포심을 통해 흔드는 경우가 있다. '당신은 사흘 뒤에 반드시 죽는다'는 말을 들으면 누구나 조금은 불안해진다. '이대로 있으면 당신뿐 아니라 자식까지 위험하다'라는 말을 들으면 불안은 더욱더 커져 극에 달할 것이다. 인간의 뇌는 예언이나 예지에 약하다. 이럴 때 '실은 액운을 비켜 가는 비법이 있는데, 특별히 당신한테만 가르쳐주겠다'고 하면 상대는 그 말에 넘어간다.

공포로 인한 스트레스는 뇌의 사고능력을 정지시켜 올바른 판단을 못 하게 만든다. 이런 상황에서 애정 어린 말을 듣거나 누군가 친밀한 태도를 보이면 자기보호본능이 순간적으로 사라져 뇌는 무방비 상태에 빠진다. 사태가 이쯤 되면 상대방의 말은 무의식의 바다 저 깊은 곳까지 돌처럼 숨어들어가 이후의 사고나 감정에 강한 영향을 미치게 된다.

바로 이 때문에 사교집단은 가혹한 단식이나 강도 높은 수행이라는 수단을 통해 신도들을 스트레스 상태로 몰아넣는다. 이론이 아니라 뇌에 직접 영향을 주는 방식으로 사람들의 가치관과 삶의 방식을 한순간에 바꿔버리는 것이다.

지금부터 이야기하는 능력개발기법도 기본적으로 사교집단의 마인드컨트롤과 다를 바 없다. 다시 말해 뇌에 직접 영향을 주는 방식이라는 얘기다. 표적은 '운이 없는' 뇌, 목표는 이 운이 없는 뇌를 '행운이 넘치는 뇌'로 바꾸는 것이다. 무슨 일이든 '되지 않는' 뇌를 '되는' 뇌로, '할 수 없는' 뇌를 '할 수 있는' 뇌로, '지루한' 뇌를 '들떠 두근거리는 상태'의 뇌로 바꿔버리는 것이다.

이 무서운 능력개발기법을 나는 '브레인트레이닝'이라 부른다.

6개월 만에 1위에 오른
프로골퍼의 비밀

1995년 8월, 방년 25세의 무명 여자프로골퍼가 우리 연구소를 찾아왔다. 여자프로골퍼라고 하면 TV나 신문에서 보도되는 일부 선수들의 화려한 모습을 떠올리는 사람이 많을 것이다. 하지만 일본 전국에는 약 620명의 여자프로골퍼가 있고, 그중 토너먼트에 출전할 수 있는 사람은 100명 남짓의 한정된 선수에 불과하다.

토너먼트에 출전하려면 우선 지역예선대회를 통과해 최종예선 출전권을 획득해야 한다. 그리고 이 최종예선에 출전한 120명 중 상위 30명 정도만이 토너먼트 출전 자격을 갖는다.

프로 생활 7년째에 접어든 그녀도 물론 토너먼트를 노리고 있었다. 하지만 아무리 애를 써도 최종예선 통과 순위 안에 들 수가 없었다. 1994년도에도 자격을 얻지 못한 채 1년에 네 번 있는 주최측의 추천으로 대회에 출전함으로써 겨우 프로의 체면을 유지하고 있었다. 상황이 이렇다보니 연간 상금 수입도 고작 1,500만 원에 불과했다.

이 같은 프로 생활이 6년씩이나 계속되면 누구나 자신감을 잃고 실의에 빠질 것이다. 우리 연구소에서 실시한 검사 결과에 따르면 그녀 역시 '희망이 없고 꿈을 꿀 수 없는 상태'였다. 한마디로 철저히 운이 나쁜 뇌를 지닌 선수였던 것이다.

하지만 그녀는 우리 연구소에 찾아와 도움을 청했다. 그녀의 행운은 바로 여기에 있었다. 혼자서만 열심히 노력하기보다는 지금까지 몸에 밴 방식을 바꿔보는 것, 자기 아닌 어딘가에 있을 운을 찾아나서는 것. 바로 이것이 운을 거머쥐는 첫걸음이다.

놀랍게도 이로부터 6개월 뒤 그녀는 보기 좋게 최종예선을 통과했다. 그것도 예선 통과자 35명 가운데 1위로 말이다. 한번 운을 자기편으로 만들어버리면 누구도 말릴 수 없는 무서운 결과가 나온다. '프로 7년차 카와나미 유리 선수가 선두를 꿰차며 최종예선 돌파!'라는 머리기사가 신문지면을 장식했다. 그해에 그녀는 무려 2억 5,000만 원의 상금을 획득해 상금 순위 상위권에 랭크되면서 토너먼트 시드권을 따냈다.

불과 6개월 만에 어떻게 이토록 큰 변화가 가능했던 것일까? 프로 7년차가 되자 갑자기 그녀의 골프 실력이 기적처럼 향상된 것일까?

물론 그럴 리는 없다. 그때까지 '운이 없는' 상태였던 뇌가 '운이 있는' 뇌로 바뀐 것뿐이다. '할 수 없는 뇌'가 '할 수 있는 뇌'로 바뀌었던 것이다. 다시 말해 그녀는 '올해도 간발의 차이로 고배를 마시는 게 아닐까?' 하는 나쁜 예감을 '뛰어난 성적으로 최종 예선을 돌파할 수 있다'는 좋은 예감으로 대치하고, 나아가 일류 선수의 대열에 선 자신의 모습까지 확실히 예지해버렸던 것이다.

뇌의 기억 데이터가 인생을 바꾼다

단도직입적으로 말하자. 인간이란 곧 뇌에 기록된 기억데이터이다. 기억데이터의 축적, 그것이 곧 인간이라는 얘기다.

예를 들어 세일즈맨의 경우 최고의 세일즈맨을 목표로 하는 사람, 최고가 되고 싶기는 하지만 불가능하다고 여기는 사람, 아예 최고가 되고 싶다는 생각조차 안 하는 사람이 있다. 어떤 직장이나 분야에서든 사람은 이 세 종류로 구분된다.

젊은 시절, 모 대기업의 샐러리맨이었던 나는 사장의 신임을 얻어 20대에 지점장이 되었다. 이것은 파격적인 승진이었고, 덕분에 나는 전국에 있는 수백 명의 지점장 중에서 가장 젊은 지점장이라는 영예(?)까지 안았다.

하지만 너무 젊었을 때 갑자기 얻은 성공이 꼭 좋은 것만은 아

니다. 부하직원들은 죄다 나보다 나이가 많았고 개중에는 부모뻘
되는 사람조차 있었다. 당시는 경력을 가장 우선시하는 시대였기
때문에 일천한 경력으로 운이 좋아 젊은 나이에 출세한 나는 악전
고투할 수밖에 없었다. 무엇보다 나이, 경험, 지식이라는 측면에
서 도저히 부하직원들을 당해낼 수가 없었다. 그렇다고 상사로서
의 강권을 휘두르며 강압적인 관리를 한다면 오히려 역효과만 날
것이 뻔했다.

고육지책이었지만, 이때 나는 인간의 '마음'에 주목했다. 부하
직원들에게 심리적으로 접근해 그들의 마음을 움직이고 능력을
끌어냄으로써 결과적으로 지점의 실적 향상을 도모했던 것이다.

이 시절의 경험은 훗날 '브레인트레이닝'이라는 능력개발연구
의 발단이 되었다. 이후로 나는 인간의 마음이 지니는 가공할 힘,
그 강인함과 나약함을 계속해서 보아왔다.

정상에 오르기 위해 전력질주하던 사람이 어느 순간 지쳐서 몰
라보게 무기력해지고 회사까지 그만두는 모습을 몇 번이나 보았
는지 모른다. 뛰어난 재능을 가지고 있으면서도 '나는 할 수 없
어' 하며 미리 포기하고 불평불만으로 허송세월하는 사람도 많이
보아왔다. 그런가 하면 분수를 모르고 최고가 되려 한다고 생각했
던 사람이 순식간에 실력을 기르고 운을 잡아 승승장구하는 경우
도 있었다.

대체 이러한 차이는 어디에서 나오는 것일까? 자신의 인생에 대해 품는 예감의 차이에서 나온다. '할 수 있다'고 예감하는 사람과 '할 수 없을 것 같아', '절대로 할 수 없어'라고 예감하는 사람. 어떤 예감을 갖느냐에 따라 인간은 세 가지 유형으로 나뉜다.

😊 세상에는 세 종류의 인간이 있다. '할 수 있다'고 예감하는 사람, '할 수 없을지도 모른다'고 예감하는 사람, '할 수 없다'고 예감하는 사람.

두말할 필요도 없이, 이러한 예감은 뇌에 축적된 과거의 기억데이터에서 비롯된다. '할 수 없었다'는 불쾌한 기억데이터가 많을수록 뇌는 당연히 '할 수 없다'고 예감한다. 자기방어적 염려나 불안이 비집고 들어가 있기 때문에 그것이 뇌의 능력을 위축시켜 할 수 있는 일조차 할 수 없게 만든다. 반대로, '할 수 있었다'는 기분 좋은 기억데이터가 많을수록 뇌는 '할 수 있다'고 예감한다. 그래서 일을 추진하기도 전에 이미 성공한 기분이 든다. 기분 좋고 가슴 두근거리는 예감은 뇌를 더욱 활성화시켜 고도의 집중력과 능력을 발휘하게끔 만든다.

여기까지 말하면 심히 불안에 떠는 사람이 있을지도 모르겠다. '과거의 기억데이터가 그토록 중요하다면 인간은 과거에 얽매여

살아갈 수밖에 없단 말인가?'

그렇다. 그것이 바로 운이 없는 사람들의 현주소다.

여기서 중요한 사실은 기억데이터란 얼마든지 바꿀 수 있다는 점이다. 기억데이터가 바뀌면 당연히 예감도 바뀐다. 프로골퍼 카와나미 씨도 기존의 기억데이터를 철저히 바꿈으로써 '할 수 없는' 뇌를 '할 수 있는' 뇌로 변화시키고 '할 수 없을지도 모른다'는 예감을 '할 수 있다'는 예감으로 바꾸었다. 그래서 마침내 7년 동안이나 그토록 염원해오던 토너먼트 출전이라는 목표를 그렇게 쉽게 실현할 수 있었던 것이다.

뇌가 느끼는 쾌감과 불쾌감의 진실

결혼 전만 해도 나는 고양이를 무척 싫어했다. 그런 내가 고양이와 함께 결혼생활을 시작하게 될 줄은 정말이지 꿈에도 몰랐다. 동물은 지적인 기능을 담당하는 뇌인 대뇌신피질이 작은 만큼 인간보다 뛰어난 예지능력을 갖추고 있다. 미코라는 이름을 가진 문제의 고양이도 내가 자기를 싫어한다는 사실을 금세 알아채고 한사코 나를 멀리했다. 괜히 가까이 다가갔다가는 무슨 봉변을 당할지 모른다는 방어본능 때문이었을 것이다.

한 지붕 아래 살면서 이런 상태를 유지한다는 것은 서로에게 피곤하다. 그래서 나는 미코의 뇌를 바꿔보기로 했다. 마인드컨트롤을 통해 나를 좋아하게끔 만들어버리자고 작정한 것이다.

고양이를 상대로 '세상의 종말이 와도 네가 살 수 있는 방법을 가르쳐줄게' 하는 식의 이야기를 해봤자 아무 소용없다. 천만번을 해도 먹히지 않을 말을 가지고 용을 쓰기보다는 나부터 고양이를 좋아하는 착한 아저씨가 되는 쪽이 백번 현명했다. 나는 미코에게 틈날 때마다 맛있는 먹이를 갖다 주며 최대한 살갑게 대했다. 그러자 내 주변이라면 아예 얼씬도 하지 않던 미코도 점차 내게 친근감을 드러내기 시작했다. 심지어 나중에는 내가 자고 있는 이불 속까지 기어들어와 갸릉갸릉 기분 좋은 소리를 내며 단잠을 청하기도 했다.

시시한 이야기라고 코웃음 칠 일이 아니다. 운을 바꾸는 비결이 여기에 있다.

☹ 싫어하는 것이 많고 늘 기분이 언짢은 뇌일수록 운이 없다.
☺ 좋아하는 것이 많고 늘 기분이 좋은 뇌일수록 운이 좋다.

업무실적이 안 좋은 사람은 틀림없이 일을 싫어한다. 그에게는 업무가 고통스럽다. 이성에게 인기가 없는 사람은 이성과 사귀는 일을 질색하는 사람이다. 그에게는 이성과 사귀는 일이 고통스럽다. 마찬가지로, 돈이 안 모이는 사람은 틀림없이 돈 버는 일을 싫어한다. 돈벌이는 어렵고 고통스럽다고 생각하며 돈을 버는 일에 대해 뇌가 불쾌감을 느낀다.

미코의 뇌 역시 처음에는 나에 대해 불쾌감을 느꼈다. 때문에 녀석은 결코 나한테 가까이 다가오지 않았다. 나는 고양이가 좋아하는 먹이를 줌으로써 나에 대해 미코의 뇌가 보이는 반응을 불쾌감에서 쾌감으로 변화시켰다. 다시 말해 '이 사람은 고양이를 싫어하니까 가까이 가면 무슨 일을 당할지 몰라'라는 불쾌한 예감을 '이 사람 곁에 가면 배부르게 먹을 수 있을 거야, 귀여워해줄 거야'라는 즐거운 예감으로 바꿔놓았던 것이다.

 일을 좋아하려고 억지로 노력하면 오히려 일이 더 싫어진다.
 매력적인 이성과 함께 일하면 순식간에 그 일이 좋아진다.

'파블로프의 개'는 조건반사 실험으로 널리 알려져 있다. 파블로프는 개에게 먹이를 주기 전에 반드시 종을 울렸다. 먹이를 보면 개는 일반적으로 침을 흘린다. 하지만 식사 전에 반드시 종소리를 듣게 한 파블로프의 개는 똑같은 과정이 여러 번 반복되자 이후로는 먹이가 없어도 종만 울리면 자동적으로 침을 흘렸다.

'먹이→타액 분비'라는 통상적인 흐름을 '종소리→먹이→타액 분비'라는 흐름으로 바꿔놓으면 종소리가 먹이를 받을 수 있는 조건자극이 되어 이 자극이 주어지는 것만으로 이미 침을 흘리게 된다. 그때까지 없던 '종소리→타액 분비'라는 새로운 흐름이 뇌에 생겨나는 것이다.

이와 똑같이 미코의 뇌에서는 '먹이→기쁨(쾌감)'이라는 통상적인 흐름이 '나→먹이→기쁨(쾌감)'이라는 흐름으로 전환되어 이윽고 '나→기쁨(쾌감)'으로 바뀌었다. 미코의 뇌는 '나'라고 하는 조건자극에서 곧바로 '쾌감'을 느끼도록 조건화되었던 것이다.

질병이나 가난으로 고통 받던 사람이 왜 사교에 빠져 교주의 얼굴을 보는 것만으로도 행복을 느끼게 되는 것일까? 이유는 내가 미코에게 시험한 것과 똑같은 수법을 교주가 그에게 행사하기 때문이다. 더 이상 고통을 견디기 힘든 상황에서 근엄한 표정의 교주가 자비로운 목소리로 '괴로웠을 것이다. 하지만 이제 괜찮다. 내가 너를 지켜주겠다'고 말하면 순식간에 뇌가 쾌감을 느끼게 되는 것이다.

사교집단에서는 일부러 비참한 상황을 만들어 마인드컨트롤의 효과를 극대화시키는 경우도 있다. 우선 여러 사람이 한 사람을 집중적으로 공격해 삶을 포기하고 싶을 만큼 깊은 절망에 빠트린다. 뭉개질 만큼 철저히 뭉개진 그가 '나는 살아 있을 가치조차 없는 사람'이라는 비감에 몸부림칠 때, 그때까지 침묵을 지키고 있던 교주가 슬그머니 다가가 '나는 네가 훌륭한 사람이라고 생각한다'고 말하면 그의 뇌는 거의 100% 쾌감 모드로 바뀐다. 그래서 교주를 위해서라면 목숨도 아까워하지 않고 살인마저 아무렇지 않게 저지르는 무도한 인간이 돼버리는 것이다.

왜 인간은 이토록 쉽게 바뀌어버리는 것일까? 사실 우리의 뇌에는 쾌감과 불쾌감을 바꾸는 지점이 존재한다. 인간을 포함한 동물의 뇌에는 본능이나 감정, 기억과 특히 관련이 깊은 대뇌변연계(大腦邊緣系)라는 뇌가 있는데, 여기에 자리 잡은 '편도핵(扁桃核)'이라는 조그만 조직에 바로 그 지점이 있다.

내가 미코의 뇌를 바꾸고 사교집단의 교주가 마인드컨트롤을 통해 신자의 뇌를 바꿀 때 타깃이 되는 것이 다름 아닌 편도핵이다.

편도핵이 즐거울 때 운이 따라온다

지금부터 이어지는 뇌에 관한 이야기는 전혀 어려운 내용이 아니다. 우리가 뭔가를 어렵다고 느낄 때는 이미 뇌가 그것을 거부하고 있을 때이다. 자기에게 필요 없는 것이라고 뇌에서 벌써 판단을 내린 때라는 얘기다. 자신에게 정말로 필요한 것은 결코 어렵게 여겨지거나 불쾌하게 느껴지지 않는다.

😖 어떤 내용이 어렵게 여겨지는 것은 '이해 못 해도 상관없다', '몰라도 된다'는 판단을 내렸기 때문이다.

부디 이어지는 내용을 어렵게 생각하지 마시길…….

인간의 뇌를 이해하려면 우선 3층짜리 건물을 떠올리면 좋다.

우리의 뇌는 크게 보아 3층 구조를 지니는데, 1층부터 차례로 '뇌간', '대뇌변연계', '대뇌신피질' 순으로 겹쳐 있다. 앞서 뇌에 관한 이야기가 전혀 어렵지 않다고 한 것은 이 3개의 층이 생명의 탄생에서부터 오늘날까지 인류가 밟아온 진화의 과정을 그대로 보여주고 있기 때문이다.

가장 아래층에 있는 뇌간(반사뇌)은 우리 선조들이 태고의 바다를 물고기로 헤엄치던 시절에 발달한 부위로, 다양한 자극에 반응하면서 환경변화에 능숙하게 적응해나가기 위한 뇌다. 생명유지의 중추로서 자율신경과 호르몬계를 다스려 호흡, 순환, 소화 등 생존을 위한 활동을 정밀히 조절한다.

바다를 헤엄치던 우리의 선조는 이윽고 파충류 무리가 되어 대양에서 육지로 상륙한다. 이후 육상에서의 활동량이 비약적으로 늘어나는 가운데 약육강식의 투쟁, 이성을 둘러싼 경쟁이 심해지면서 뇌에도 새로운 변화가 생겨난다. 식욕이나 성욕 같은 본능, 분노와 불안, 좋고 싫음 등의 감정을 낳는 대뇌변연계(감정뇌)가 뇌간을 압도할 만큼 커진 것이다.

한 걸음 더 나아가 포유류가 되자 지각, 운동, 정보교환 등의 능력이 높아지면서 기존의 두 뇌를 거의 둘러쌀 정도로 지적인 뇌가 크게 발달한다. 인간의 태아는 뇌가 아직 덜 자란 상태에서 세상에 나오는데, 이는 가장 나중에 발달한 이 지적인 뇌가 비정상적

일 만큼 너무 커진 데서 빚어진 결과라고 여겨지고 있다. 다른 동물처럼 태내에서 뇌가 다 자란 상태라면 머리가 너무 커서 산도를 빠져나올 수가 없는 것이다. 일종의 미숙아 상태로 태어나기 때문에 인간은 나자마자 걷기 시작하는 여느 동물과 달리 1년 가까이 부모의 신세를 지지 않으면 일어서는 일조차 할 수 없다. 인간만이 '감사'라는 감정을 지니게 된 이유가 여기에 있다.

어쨌거나 동물로서의 존재를 위태롭게 할 만큼 지나치게 커진 이 뇌가 바로 대뇌신피질(논리뇌)로, 대뇌신피질의 발달에 의해 인류는 비로소 사고력, 판단력, 창조력 등의 인간적인 능력을 지니게 되었다.

하지만 운을 좌우하는 것은 이 인간적인 논리뇌, 즉 대뇌신피질이 아니다. '운의 뇌'는 편도핵이라고 불리는 것으로 감정뇌, 즉 대뇌변연계 안에 있다. 편도핵은 직경 약 15mm의 아몬드(편도) 모양을 한 조그만 신경조직이다. 이 작은 신경세포 덩어리가 사람의 운을 결정해버리는 것이다. 내가 고양이를 싫어한다는 사실을 미코가 단숨에 간파한 것도, 신조 선수가 메이저리그 데뷔전에서 안타를 예감한 것도, 사교 신자가 정체도 모르는 교주를 맹목적으로 믿어버리는 것도 모두 편도핵의 작용이라고 볼 수 있다. 여기서 '볼 수 있다'고 표현한 것은 직경 15mm밖에 안 되는 크기임에도 편도핵의 작용은 매우 복잡해 현재까지도 충분히 규명되고 있지 않은 상태이기 때문이다.

최근에 편도핵은 대뇌변연계에 있는 '해마'와 함께 움직이면서 우리의 기억에 강한 영향을 미친다는 사실이 밝혀졌다. 대뇌변연계와 뇌간 사이에는 '생명유지의 사령탑'이라 불리는 '시상하부'가 있어 온몸의 자율신경과 호르몬계를 조절하는데, 이 사령탑을 조절하는 것 역시 편도핵이라고 짐작된다. 또한 편도핵은 이성과 지능, 논리의 뇌인 대뇌신피질이나 대뇌기저핵이라고 하는 운동뇌와도 정보를 교환하면서 그에 관한 조절도 실행하고 있다.

결국 편도핵이라는 '운의 뇌'는 뇌작용 전체의 중심에 있다고 해도 과언이 아니다. 인간의 뇌활동은 크게 생명유지(뇌간), 감정 및 본능(대뇌변연계), 지적활동(대뇌신피질) 등 세 가지로 분류할 수 있는데, 편도핵은 이러한 활동에 매우 핵심적인 영향을 미친다.

직경 15mm. 이토록 작은 신경조직이 왜 뇌기능의 중심에 자리하고 있을까? 그 이유는 편도핵의 가장 큰 임무가 위험으로부터 우리 몸을 지키고 안전한 생존을 위해 절대적으로 필요한 '쾌감과 불쾌감', '좋고 싫음'을 판단하고 기억하는 일이기 때문이다.

☺ 쾌감과 불쾌감, 좋고 싫음에 따라 뇌 전체의 작용이 달라진다. 천재와 범인의 차이는 (무언가를) 얼마나 좋아하게 되었느냐의 차이이다.

실험에 의하면 원숭이의 편도핵은 맛있는 음식과 맛없는 음식에 반응한다. 맛있으면 쾌감을 느끼고 맛없으면 불쾌감을 느끼도록 편도핵의 세포에 입력되고 기억된다. 하지만 이 데이터가 영원히 불변하는 것은 아니다. 새로운 데이터에 의해 얼마든지 바뀔 수 있다.

예컨대 원숭이가 이제껏 좋아하던 수박에 지독하게 매운 고춧가루를 듬뿍 발라 먹었다고 치자. 원숭이의 편도핵은 이를 기억해, '수박→맵다'가 뇌에 조건화된다. 그렇게 되면 원숭이는 수박을 봐도 달콤함 대신 매운맛을 예지해 더 이상 기뻐하지 않고 불쾌해한다. 이제는 고춧가루를 바르지 않아도 두 번 다시 먹지 않는다.

반대로 달콤한 수박을 먹이면 '수박→달콤하다'가 뇌에 조건화되어 수박을 무척 좋아하는 원숭이가 된다. 밝혀진 바에 따르면 이러한 기억데이터의 입력과 전환은 편도핵의 세포 차원에서 이루어진다.

그토록 나를 기피하던 미코가 내 팬이 된 이유도 미코의 편도핵에서 기억데이터가 새로 써져 기존의 조건화에 변화가 일어났기 때문이다. 프로골퍼 카와나미 씨가 불과 6개월 만에 비약적인 실력을 보이며 토너먼트 출전권을 거머쥘 수 있었던 것도 마찬가지 이유에서다. 편도핵이 쾌감으로 변해 자연스럽게 예감 또는 예지가 바뀌고, 예감 또는 예지가 변해 운이 없던 뇌가 운이 있는 뇌로 바뀜으로써 단번에 운의 파도에 올라탈 수 있었던 것이다.

성공 소프트웨어가
작동되는 사람들

인간의 뇌는 컴퓨터 10만 대를 합한 것 이상의 능력을 지니고 있다고 한다. 컴퓨터 10만 대를 나란히 이어놓으면 어마어마한 길이가 되겠지만, 축구공에도 못 미치는 우리의 조그마한 머리에는 그에 필적하는 용량을 지닌 슈퍼컴퓨터가 들어 있다.

중요한 사실은 이 놀라운 슈퍼컴퓨터를 사람이면 누구나 다 갖고 있다는 점이다. 경우에 따라서는 고장 날 때도 있지만, 뇌라고 하는 슈퍼컴퓨터의 능력에는 그리 큰 개인차가 없다.

그런데도 실제를 보면 사람에 따라서 발휘할 수 있는 능력에 엄청난 차이가 난다. 유감없이 능력을 펼쳐 꿈과 소망을 착실히 이루어나가는 사람이 있는가 하면, 필사적으로 노력하는데도 능력의 싹을 틔우지 못해 도무지 성공할 수 없는 사람도 있다. 더 심하게는 노력하고 싶다는 생각을 하면서도 노력하지 못하고 소중한 능력을 그냥 썩혀버리는 사람도 있다.

이러한 차이는 뇌의 완성도의 차이, 달리 말해 하드웨어적인 능력의 차이에서 오는 것이 아니다. 슈퍼컴퓨터가 실행하고 있는 소프트웨어의 차이에서 비롯되는 것이다.

☺ 성공하는 사람의 뇌에는 '성공하기 위한 소프트웨어'가 들어 있기 때문에 싫어도 성공할 수밖에 없다.

☹ 평범한 사람의 뇌에는 '성공할 수 없는 소프트웨어', '실패하기 위한 소프트웨어'가 들어 있기 때문에 아무리 성공하고 싶어도 성공할 수 없다.

세간에는 성공한 사람의 체험담을 듣고, 성공철학 강연회에 나가고, 성공지침서 같은 책들도 열심히 읽어가며 어떻게든 성공한 인물이 되려고 노력하는 사람들이 많다. 하지만 그렇게 해서 성공할 수 있는 사람은 애당초 뇌에 '성공 소프트웨어'가 들어가 있는 경우뿐이다. 이런 사람은 성공체험담, 성공철학, 성공지침서 등에서도 자신에게 필요한 것을 취해 보다 큰 성공을 손에 넣기 위한 밑거름으로 사용한다.

그러나 뇌에 '실패 소프트웨어'가 들어 있는 사람은 성공체험담 등을 아무리 들어도 그저 탁상공론으로 만들어버리고 만다. '좋은 이야기군' 하고 돌아서면 잊어버리거나, 경우에 따라서는 성공한 사람의 전술만 흉내 내다가 오히려 실패를 자초하는 수도 있다.

뇌에 '성공 소프트웨어'가 설치된 사람은 어떤 분야에서든 성공하게 되어 있다. 반대로 '실패 소프트웨어'가 설치된 사람은 본인의 노력 여하와는 상관없이 무슨 일이 있어도 실패를 맛보게 된다.

그렇다면 '성공 소프트웨어'란 대체 무엇일까? '실패 소프트웨어'가 설치된 뇌란 또 어떤 뇌일까?

인생에서 차이가 생기는 진짜 이유

　뇌를 컴퓨터의 하드웨어라고 치면 마음, 가치관, 삶의 방식 등은 소프트웨어에 해당한다. 앞서도 말했지만, 하드웨어로서의 인간의 뇌에는 그리 큰 능력차가 없다. 파나소닉 제품이든 소니 제품이든 퍼스널컴퓨터의 용량에는 별 차이가 없는 것과 마찬가지다. 똑같은 용량의 퍼스널컴퓨터가 완전히 다른 능력을 갖게 되는 것은 사용자가 그 하드웨어에 설치한 소프트웨어가 저마다 다르기 때문이다.

　사람도 개개인에 따라 능력이 현저하게 다르고, 그 능력을 써서 개척해나가는 인생의 모습 또한 천차만별이다. 신나게 일해 세계의 미래를 바꿔버릴 만큼 큰 성공을 거머쥐는 사람이 있는가 하면, 자기만의 페이스를 지키며 한 단계 한 단계 착실하게 실적을 쌓아가는 사람도 있다. 아무런 희망도 없이 주어진 일만 처리하며 하루하루를 때우는 사람이 있는가 하면, 노숙자로 거리를 떠돌거나 범죄를 저지르며 스스로 인생을 망치는 사람도 있다.

하지만 경우야 어떻든 그들의 하드웨어는 모두 똑같다. 200억 개의 신경세포라는 똑같은 용량에 똑같이 3층 구조로 이루어진 뇌인 것이다. 다른 것은 다만 각각의 뇌에 설치된 소프트웨어일 뿐이다. 뇌라는 슈퍼컴퓨터가 실행하는 이 소프트웨어의 차이에 따라 개개인의 인생에 그토록 큰 차이가 생기는 것이다.

 뇌에 설치된 소프트웨어에 따라 인생이 결정된다.

인생의 모습이 천차만별이듯 소프트웨어의 종류 또한 천차만별이다. 하지만 크게 봤을 때 사람의 운을 좌우하는 소프트웨어의 종류는 '성공하기 위한 소프트웨어', '성공하지 않기 위한 소프트웨어', '실패하기 위한 소프트웨어' 세 가지로 나눌 수 있다.

꺼져있는 성공 소프트웨어를
작동시켜라

'언젠가 성공하고 싶다', '모두가 깜짝 놀랄 실적을 올리고 싶다'고 생각하면서도 하루하루를 그저 따분하게 보내는 직장인이 있다. 그는 왜 자기 의지에 반해 재미없이 지루한 나날을 보내는 것일까? 뇌에 '성공하지 않기 위한 소프트웨어'가 설치되어 있기 때문이다.

이 소프트웨어가 설치되면 어떤 분야에서건 '성공할 수 있다'는 마음이 생기지 않는다. '성공한 자신'을 상상할 수 없고, '성공의 기쁨'도 느낄 수 없다. 따라서 '성공'을 예지할 수도 없는 상태로 의욕을 상실한 채 타성에 젖게 된다.

한편 '실패하기 위한 소프트웨어'가 설치되면 사고, 이미지, 감정이라는 뇌기능의 기본 3요소가 모두 부정적으로 흐른다. '도저히 할 수 없다'고 생각하고, '할 수 없는 자신'이 머릿속에 확실히 그려지며, 불안과 걱정만 커지는 가운데 '실패할 게 뻔하다' 라는 예지에 지배당한다.

80% 이상의 사람들은 자기도 모르는 사이에 '성공하지 않기 위한 소프트웨어', '실패하기 위한 소프트웨어'를 실행하고 있다.

막대한 힘을 지닌 최고급 슈퍼컴퓨터가 이런 소프트웨어를 실행하면 '성공하지 않기', '실패하기'는 반드시 실현되고 만다. 한마디로 이런 사람들의 사전에 절대 성공하는 일은 없는 것이다. 하지만 본인은 정작 그와 같은 사실을 자각하지 못하고 있기 때문에 실패의 원인을 타인이나 환경 탓으로 돌리며 회사나 상사에 대한 푸념과 험담을 일삼는다. 샐러리맨들이 많이 모이는 술집에 가면 운이 없는 사람들이 짜증난 표정으로 열심히 험담을 늘어놓는 광경을 흔히 볼 수 있다. 물론 그들은 험담을 하는 와중에도 성공하지 않기 위한, 실패하기 위한 소프트웨어가 활발히 작동하고 있다는 사실을 전혀 모른다.

'성공하기 위한 소프트웨어'를 실시하려면 사고, 이미지, 감정이라는 세 가지 스위치를 긍정적인 방향으로 전환시켜야 한다. 이 세 가지 스위치가 긍정적인 방향으로 바뀌면 뇌라고 하는 슈퍼컴퓨터는 '성공하기 위한 소프트웨어'를 자동적으로 실행하기 시작한다. 이렇게 되면 싫어도 성공할 수밖에 없다.

사고, 이미지, 감정이라는 세 가지 스위치가 긍정적인 방향으로 바뀌어 '틀림없이 성공한다'고 생각하고, '성공한 자신'을 생생하게 그려볼 수 있으며, '성공의 기쁨'이 느껴지면 자연스레 가슴이 뛰고 신이 난다. 이쯤 되면 꿈과 소망을 실현하기 위한 모든 시스템이 일사분란하게 작동한다. 놀랄 만큼 의욕이 샘솟고, 뇌내 신경전달물질이나 호르몬의 균형에 변화가 일면서 다른 소프트웨어에서는 생각조차 할 수 없는 번뜩임과 직관이 끊임없이 용솟음친다.

완전한 긍정적 사고, 완전한 긍정적 이미지, 완전한 긍정적 감정을 지니게 되면 성공하기 전부터 이미 뇌는 '성공을 이룬 상태'가 된다. 성공을 확신하고, 성공을 생생하게 상상할 수 있으며, 성공의 기쁨까지 실감할 수 있는 이러한 상태를 나는 '멘탈비거러스(mental vigorous)' 곧 '활기차고 역동적인 심리 상태'라고 부른다.

멘탈비거러스 상태는 우리의 가슴을 두근거리게 하고 가진 바 능력을 최대로 발휘하게끔 만든다. 사람은 가슴이 뛰는 유쾌한 상태에서 목표에 집중하게 되면 100%가 아니라 120%, 150% 능력을 발휘할 수도 있다.

세 가지 스위치를 긍정적으로 바꿀 것인가, 부정적으로 바꿀 것인가? 그 열쇠는 '쾌감과 불쾌감', '좋고 싫음'을 판단하고 기억하는 편도핵이 쥐고 있다.

그렇다면 '성공하지 않기 위한 소프트웨어', '실패하기 위한 소프트웨어'를 '성공하기 위한 소프트웨어'로 바꾸는 방법은 무엇일까? 완전한 긍정적 사고, 완전한 긍정적 이미지, 완전한 긍정적 감정의 멘탈비거러스 상태가 되어 최고의 능력을 발휘하고 최고의 운을 끌어들이려면 구체적으로 어떻게 해야 할까? 다음 장에서부터 차근차근 이야기해보기로 하자.

Part
3

고생을 사서 하라고?
나는 즐겁게 성공한다

비즈니스 세계에서
성공은 식은 죽 먹기

세상에는 비즈니스 세계에서 성공하는 일만큼 쉬운 일도 드물다. 날이면 날마다 아침부터 밤까지 열심히 일하는 샐러리맨들로서는 화가 나는 말일지 모르겠다. 하지만 정말이다. 스포츠선수와 비교해보면 틀린 말이 아니라는 사실을 금방 알 수 있다.

"저 선수는 영 의욕이 없어."

"저 상황에서 골을 못 넣다니 말이 돼?"

"연습을 안 하니까 실전에서 저 모양이지!"

TV에서 내보내는 스포츠경기를 관전하며 샐러리맨들이 신랄한 비평을 쏟아낸다. 하지만 해당 선수가 싫어서가 아니다. 오히려 좋아하는 선수에게 자신을 투영해 그의 성적부진이나 슬럼프를 분해하는 것이다. '절호의 찬스에 삼진을 당하다니, 한심하다', '덜떨어졌다', '근성이 없다······.' 욕이라기보다는 성원(聲援)이요, 동시에 자기 자신을 향한 질타 섞인 격려이기도 하다.

그러나 어쨌든 상대는 적어도 프로다. 한 손에 좋아하는 맥주를 들고 입에 거품을 물며 비평하는 벼락평론가 샐러리맨과는 뭔가가 근본적으로 다르다. 만약 이 샐러리맨이 '덜떨어진' 프로선수가 지닌 목표의식과 동기와 자존심의 절반만큼이라도 가지고, '근성 없는' 프로선수가 하는 노력의 절반만큼이라도 따라 한다면 순식간에 회사에서 가장 인정받는 직원이 될 것이다. 주변 사람 모두가 눈이 휘둥그레질 만큼 굉장한 실적을 식은 죽 먹듯 올리는 인재 중의 인재로 등극할 것이다. 틀림없다.

스포츠의 세계에서 성공할 수 있는 사람은 정말이지 극소수뿐이다. 매년 1,000명 가까운 선수들이 전국고교야구대회에 출전하지만, 그중에서 프로팀에 입단하는 선수는 손가락으로 꼽을 정도다. 야구에 청춘을 바치고 10여 년을 하루같이 땀 흘리며 훈련해도 프로선수가 되지 못하는 것이다. 운 좋게 프로선수가 된다해도 큰일은 그때부터다. 1군 승격, 주전 확보라는 험난한 산을 넘어 스타플레이어로 가는 길은 그야말로 정신이 몽롱해질 만큼 힘든 가시밭길이다.

프로스포츠의 제1선에서 활약하는 선수들은 회사 근처 찻집에서 느긋하게 스포츠신문을 펼치며 혀를 차는 샐러리맨들보다 적어도 100배는 명확한 목표의식과 동기와 자존심을 가지고 100배 이상으로 노력한다. 물론 운도 100배는 많다. 그럼에도 불구하고 반드시 각광을 받는 것은 아니다.

여기에 비하면 샐러리맨의 성공이란 식은 죽 먹기다. 야구의 경우 아마추어 시절에 전국에서 1,000명 안에 드는 실력을 갖추지 못하면 프로선수가 될 기회조차 없다. 여자골프의 경우는 200명 안에 들어야 비로소 토너먼트 출전 자격이 주어진다. 유도나 육상, 수영 같은 종목에서는 아예 전국 최고가 아니면 올림픽 대표선수로 뽑힐 수가 없다.

하지만 비즈니스 세계는 다르다. 예를 들어 전국에서 1,000명 안에 드는 샐러리맨은 엄청나게 성공한 사람이다. 1만 명, 아니 10만 명 안에만 들어도 대단한 실력가로 대우받는다. 비즈니스 세계에서 두각을 나타내는 일은 생각보다 어려운 일이 아니다. 설사 100만이나 200만 명 안에 드는 샐러리맨이라 해도 프로 대접을 받고 돈을 버는 것이 바로 비즈니스 세계인 것이다. 거기서 성공할 수 없다면 정말이지 '덜떨어진' 샐러리맨이라는 말밖에 안 된다.

고통스런 노력은
안 하는 편이 낫다

어느 대기업 가전업체에 근무하는 F씨는 과장으로 승진발령을 받았지만, 오히려 실의에 젖어 회사를 그만둘까 고민하고 있었다. 승진했으니 당연히 기뻐해야 할 텐데, '과장업무를 수행할 자신이 없다'는 것이었다.

승진을 계기로 우울증에 걸리는 경우가 있다지만, 10여 년 전만 해도 그런 일은 거의 없었다. 과장이 되는 사람은 과장이 될 만한 경험과 노하우를 축적하고 있게 마련이다. 그래서 긴 시간 축적한 그만의 경험과 노하우가 신념이 되고, 이를 바탕으로 자신감을 가질 수 있었다. 하지만 오늘날처럼 변화가 빠른 세상에서는 수년 간 쌓은 경험과 노하우도 금방 시대에 뒤처져 별 도움이 안 되는 수가 많다. 때문에 적지 않은 이들이 승진을 앞두고도 예전보다 훨씬 큰 스트레스에 시달리는 일이 생긴다.

내가 무슨 소리를 해도 F씨는 '나는 할 수 없어요', '자신 없는데요', '그런 능력 없어요'라는 말만 되풀이했다. 그는 자신감이라고는 눈을 씻고 찾으려야 찾아볼 수가 없는 상태였다.

그러나 사람의 능력과 관련해서는 다음과 같은 원칙이 있다.

- (x x) 성공할 수 없었던 사람　자신에게 능력이 있다고 믿을 수 없었다.
- (^_^) 성공한 사람　자신에게 능력이 있다고 믿었다.

나는 F씨에게 이 원칙을 꼭 이해시키고 싶었다. 하지만 그의 우수한 논리뇌는 좀처럼 이를 이해하려 들지 않았다. 그래서 결국 그에게 PAC검사(잠재능력검사, Potential Ability Check)를 받도록 했다.

PAC검사는 '상상(Image)', '감정(Emotion)', '사고(Thinking)', '환경(Environment)', '기회(Chance)' 등 다섯 항목에 걸쳐 피검사자의 잠재능력을 측정하는 '잠재능력검사' 방법이다. 쉽게 말하면 잠든 채로 쓰이지 않고 있는 능력이 피검사자에게 얼마나 되는지를 조사하는 테스트이다.

PAC검사 결과를 보면 놀랍게도 대부분의 사람들이 80~90점이라는 높은 점수를 받는다. 가진 바 능력을 조금밖에 발휘하지 못하고 있는 사람이 그만큼 많다는 얘기다. 그런데 흥미로운 사실은 PAC검사에서 높은 점수를 받은 이들이 마치 받아쓰기에서 점수가 잘 나온 초등학생 모양 아주 기분 좋아한다는 점이다. 낮은 점수를 받은 쪽에서 도리어 '와, 높은 점수가 나왔네요!' 하며 부러워하는 경우조차 있다. 자신이 가진 능력의 대부분을 그냥 썩히고 있다는 증거인데 그렇게들 기뻐하니, 신기한 노릇이랄밖에. 뭔가 오해가 있음에 틀림없지만, 굳이 그들의 긍정적 사고를 깨트릴 필요는 없다 싶은 묘한 기분이 드는 장면이 아닐 수 없다.

어쨌거나 F씨의 경우도 지닌 바 능력을 제대로 발휘하지 못하고 있음이 드러났다.

이쯤에서 F씨의 명예를 위해 밝혀두거니와, 그는 결코 게으르거나 무기력한 사람이 아니다. 오히려 눈앞에 둔 과장승진을 기뻐하기보다는 그 직책에 부담을 느껴 의기소침해질 정도로 책임감이 강한데다, 대단한 노력가로 소문난 사람이기도 하다. 그런 그가 왜 평소에 자신의 능력을 제대로 발휘하지 못하는 것일까?

우리는 이제껏 능력이란 노력에 의해 개발된다고 믿어왔다. 그리고 실제로 많은 이들이 남보다 두 배 노력하면 그만큼 능력이 높아진다는 믿음하에 열심히 노력을 계속하고 있다. F씨도 바로 그런 사람이었다.

'노력이 재능을 꽃피게 한다'는 믿음 때문에 부모라는 사람들 역시 아이들이 싫어하는 사실을 뻔히 알면서도 틈만 나면 '열심히 공부하라'고 윽박지르기 일쑤다. 하지만 이제부터는 생각을 근본적으로 바꿔주길 바란다. 사실은 아이들 쪽이 옳다. 고통스런 노력은 아예 하지 않는 편이 낫다.

즐기면서 노력하고
즐기면서 일하라

　많은 사람이 '성공하려면 고통스러운 노력이 반드시 필요하다'고 굳게 믿고 있다. 내가 볼 때는 수십 년 전에 지나간 고도경제성장기의 낡은 사고방식을 그대로 지니고 있는 셈이다.

　2차대전 후 일본이나 한국 같은 나라에서 급속한 경제성장과 산업화를 이룩한 것은 대량생산에 적합한 톱다운식 피라미드경영이었다. 이 시절의 경영체제하에서는 경험이 풍부한 사람이 위로 올라가는 경험주의가 팽배하고, 획일적이며 강압적인 지도가 이루어졌다. 피라미드는 크기와 모양이 같은 돌을 쌓지 않으면 붕괴해버린다. 때문에 장점보다는 단점에 주목하는 감점주의 평가가 만연해, 여기서 살아남은 사람이 가장 먼저 피라미드의 계단을 올라갔다.

사람들이 '노력은 고통스러운 것'이라는 잘못된 고정관념에 사로잡히게 된 것은 그와 같은 강압적인 경영체제하에서 인정받으려면 자신의 장점이나 특기를 억누르고 획일적인 '회사인간'이 될 필요가 있었기 때문이다.

그러나 1980년대에 들어서면서 규격품의 시대는 서서히 종말을 맞이한다. 정해진 규격에 따라 대량으로 생산한 물건이 대량으로 팔리는 시대가 끝을 보게 된 것이다. 오늘날과 같은 소비사회에서 중시되는 것은 양보다 질이다. 제조업보다는 서비스업이며, 하드웨어보다는 소프트웨어다.

생산·유통이라는 하부구조가 변하면 가치관을 비롯한 상부구조도 변한다는 마르크스의 예언대로 직장에서 일하는 사람들의 의식도 크게 바뀌어왔다. 나는 이러한 변화를 '샐러리맨'에서 '비즈니스맨'으로의 이행으로 간주한다.

불과 얼마 전까지 샐러리맨들은 봉건시대에 주군을 받드는 무사와 별다른 차이가 없었다. 그들은 회사 일이라면 물불을 안 가리고 충성을 다했고, 회사는 종신고용과 연공서열로서 여기에 보답했다. 이른바 '가족적인 노사관계'가 구축되었던 셈이다. 그러나 장기불황에 이은 구조조정의 태풍은 기존의 경영방식을 붕괴시키고 가족적인 노사관계라는 낡은 환상을 단번에 날려버렸다.

이제는 회사에 무조건 충성을 다하는 획일적인 샐러리맨은 더 이상 그 가치를 인정받지 못하는 시대다. 기업 쪽에서 그러한 샐러리맨은 필요 없다고 점잖게 밀어낸다.

앞으로의 시대에는 스스로의 목표의식과 동기부여를 소중히 하는 '깨어 있는 비즈니스맨'이 아니면 살아남을 수 없다. 도태되지 않고 살아남는 방법은 단 한 가지, 한마디로 '프로'가 되는 것이다. 프로스포츠 선수처럼 한 사람 한 사람이 스스로의 목표를 설정하고 동기부여를 높게 가지며 자신을 위해 일해야 한다. 그것이 결국은 회사에게도 더 유익한 일이다.

유능한 비즈니스맨은 유능한 선수가 시합이나 연습 자체를 즐기는 것과 마찬가지로 즐기면서 일하고 즐기면서 노력한다. 일이든 노력이든 즐겁게 하면 편도핵은 기분 좋게 느낀다.

현재 F씨는 사직을 고민하던 회사에서 영업부문 1,2위를 다투는 '수완 좋은 과장'으로 주목받고 있다. 과장업무를 수행할 자신이 없다며 우울해하던 그에게 어떻게 이처럼 큰 변화가 생겼을까? 내가 그에게 쓴 마법은 아주 간단하다. 과장이 되면 더 많이 노력하고 고생해야 하리라 믿고 있던 그에게 일을 즐길 수 있는 요령을 가르쳐준 것뿐이다. 바꿔 말하면 운이 좋은 비즈니스맨이 되는 데 필요한 몇 가지 방법을 지도한 것이 전부라는 얘기다.

'저 사람은 성공할 것 같다'는 인상을 심어줘라

뛰어난 프로비즈니스맨에게 가장 중요한 것은 무엇이냐는 질문을 종종 받는다. '국제감각'이니 '경기를 예측하는 통찰력'이니 해서 제법 근사한 답변들을 기대하겠지만, 나는 딱 잘라 이렇게 대답한다.

"남에게 어떻게 보이는가, 이것이 가장 중요합니다."

물론 내 말에 사람들은 어지간히 놀라고 황당해한다.

우리는 다른 사람이 자신을 어떻게 생각하는가에 대해서는 너무 신경 쓰지 말라고 배우면서 자랐다. 다른 사람들의 시선이나 평판을 의식하는 것은 연약한 인간이나 하는 짓이니 '내실'을 다지라는 소리다. 하지만 이는 '내실'이라는 것을 믿을 수 있었던 시절에나 통하는 이야기이다. 어느 시대나 '내실'이라는 하드웨어가 중요함은 물론이다. 그러나 오늘날 같은 소비사회에서는 그보다 소프트웨어 쪽이 더 중요하다. 내용물이 같다면, 아니 경우에 따라서는 내용물이 다르더라도 포장이 좋은 쪽이 더 잘 팔리는 시대인 것이다.

실제로 운을 거머쥐려면 다른 사람에게 어떻게 보이는가가 매우 중요하다. 되풀이해서 말하지만, 행운이란 혼자서 노력한다고 얻을 수 있는 것이 아니다. 운이란 자기 이외의 다른 사람이 나에게 옮겨주는 것이다.

결론을 말하면 이렇다.

☺ 스스로 생각하는 자신의 모습보다 '평판'이 더 중요하다.

샐러리맨 중에는 열심히 일하는데도 회사가 인정해주지 않는다거나 상사가 알아주지 않는다고 투덜거리는 이들이 많다. 실력으로 승부하는 스포츠의 세계에서조차 감독이 제대로 평가해주지 않는다, 코치가 미워한다고 하소연하는 선수가 적지 않다. 백이면 백, 운으로부터 버림받은 사람들이다.

왜냐하면 그들은 '다른 사람에게 인정받지 못하면 아무리 뛰어난 재능이라도 없는 것과 마찬가지'라는 중요한 진리를 깨닫지 못하고 있기 때문이다. 만일 본인들의 말처럼 재능이나 능력이 있는데도 그것을 인정받을 수 없다면, 재능이나 능력이 없어서 인정받을 수 없는 사람보다 한층 더 운이 없는 사람이라는 얘기가 된다. 이 정도면 운이라고는 눈을 씻고도 찾아볼 수 없는 최악의 불운아다.

구체적으로 몇 가지 예를 들자면 다음과 같다.

- 뛰어난데도 뛰어나다는 평가를 못 받는 사람
- 성실한데도 성실하다는 평가를 못 받는 사람
- 노력하는데도 노력하고 있다는 평가를 못 받는 사람
- 능력이 있는데도 운이 좋은 사람한테 호감을 얻지 못하는 사람
- 열심히 하는데도 운이 좋은 사람한테 호감을 얻지 못하는 사람
- 옳은 것을 주장하는데도 상대방의 호응을 얻지 못하는 사람

오해를 무릅쓰고 말하자면 실제로 뛰어나기보다 '참 뛰어난 사람이라는 인상'을 주는 쪽이 중요하다. 실제로 피나게 노력하기보다 '노력가라는 평가'를 받는 일이 중요하며, 실제로 재능이 있기보다 '재능 있는 사람이라는 평판'을 얻는 것이 중요하다. 다른 사람에게 '저 사람은 성공할 것 같다'는 인상을 주는 일이야말로 행운을 얻는 필수조건이다.

왜냐고 묻는다면, 운이란 하늘에서 뚝 떨어지는 것이 아니라

다른 사람들이 건네주는 것이기 때문이다. 아무리 뛰어나고, 아무리 대단한 노력가이고, 아무리 굉장한 능력이 있다 해도 그것을 인정받지 못한 사람한테 일부러 운을 건네줄 바보는 어디에도 없다. 따라서 자기에게 운이 없는 것을 감독이나 코치, 상사나 회사 탓으로 돌리는 것은 잘못된 생각이다. 모든 원인은 '자신의 이미지'에 있다.

스스로 운이 없다고 생각하는 사람은 운명감정가의 힘을 빌려 운세를 바꿔보자고 마음먹기 전에 우선 남의 눈을 신경 써야 한다. 다른 사람들의 눈에 자신이 어떻게 비치고 있는지를 검증해봐야 한다. 그래서 안 좋은 이미지가 있다면 한시 바삐 자신의 이미지를 재디자인해야 한다.

다른 사람에게 보여주고 싶은 스스로의 모습을 그대로 구현하는 것이 '셀프이미지 디자인'이다. 당신은 상사나 부하직원에게 어떤 사람으로 보이고 싶은가? 동료에게, 거래처 사람에게, 은행 직원에게, 고객들에게는 어떤 사람으로 보이고 싶은가? 손님들의 눈에는 또 어떤 식으로 비치고 싶은가?

모 프로축구 선수를 상대로 나는 '절대 주눅 들지 말라'고 지도한 적이 있다.

"감독한테는 무조건 컨디션이 좋다고 하세요. 아무리 기분 나쁘고 짜증나는 일이 있더라도 감독 앞에서는 늘 명랑한 태도를 유지하세요."

　상당 기간 출전 기회를 못 잡아 감독과의 불화설마저 돌고 있던 그는 내심 '이 팀에 있는 이상 출전 기회는 없다'고 생각하고 있었다. 하지만 내 조언대로 셀프이미지 디자인에 성공해 바로 다음 주에 시합에 나가는가 싶더니 곧이어 주전 자리까지 꿰찼다.

　자신의 이미지를 어떻게 디자인하고 어떤 식으로 보여줄 것인가. 그 방법은 각자가 처한 환경이나 상황, 인생관이나 가치관 등에 따라 다를 것이다. 하지만 적어도 프로비즈니스맨을 지향하는 사람이라면 반드시 다음과 같은 평판은 받아야 한다.

- 이쪽 분야는 저 사람이 전문가다.
- 저 사람은 일에 대한 불평불만이 없고 다른 사람에 대해 절대 험담하지 않는다.
- 저 사람은 일에 대해 적극적이고 책임감이 있다.
- 저 사람은 기대가 된다.
- 저 사람은 믿음직스럽다.
- 저 사람은 틀린 말은 하지 않는다.

　단번에 모든 것을 바꾸려고 무리할 필요는 전혀 없다. 중요한 것은 내실보다 포장이며, '다른 사람들이 나를 어떻게 보느냐'이다.

슈퍼컴퓨터인 인간의 뇌는 무의식중에 타인이 붙인 라벨에 반응한다. 그래서 자신도 모르는 사이에 스스로를 그 라벨에 적응시켜나간다. 어느새 조건화된 디자인 그대로의 모습으로 변화하는 것이다.

성공한 사람들이
공통적으로 좋아하는 것

'운 좋은 사람과 어울려라.' 많은 이들이 운을 거머쥐는 방법으로 이구동성 하는 말이다. 하지만 운이 좋은 사람과 어울리고 싶어도 그것이 말만큼 그리 쉬운 일이 아니다.

운이 없는 사람 주변에는 대체로 운이 없는 사람밖에 없다. 운이 있는 사람은 운이 있는 사람끼리 어울리며 운이 없는 사람, 재수 없는 사람과는 아예 상종을 하지 않는다. 왜냐하면 운이 있는 사람의 편도핵에는 운이 없는 사람에 대해 불쾌한 기억데이터만 입력되어 있기 때문이다.

이와는 반대로 운이 없는 사람의 편도핵은 운이 있는 사람을 불쾌하다고 느낀다.

😊 운이 좋은 사람을 보고 '저런 사람이 되고 싶다'고 생각하는 사람은 운이 좋은 사람이 될 소지가 있다.

😣 운이 좋은 사람을 보고 '짜증나는 인간이군' 하고 생각하는 사람은 평생 운으로부터 버림받을 소지가 있다.

운이 좋은 사람들과 어울리고 싶다면 그들이 사귀고 싶은 사람, 어울리고 싶은 사람이 되도록 자신의 이미지를 디자인해야 한다.

헨리 포드, 빌 게이츠, 마쓰시타 고노스케, 혼다 소이치로를 비롯한 모든 성공한 사람들이 공통적으로 좋아하는 것이 두 가지 있다. 재능도 뛰어난 머리도 아닌, 바로 '열정'과 '감동'이다.

😊 열정과 감동은 운이 좋은 사람을 끌어모으는 자석이다.

운이 좋은 사람들이 마음은 **논리로는** 절대로 움직이지 않는다. 논리에 반응하는 것은 으레 운이 없는 사람들의 뇌다. 기획에 관한 프레젠테이션을 심사할 때도 운이 없는 사람들의 뇌는 열심히 기획서를 읽고 내용을 검토한다. 하지만 운이 있는 사람들의 뇌는 내용 따위는 읽지 않는다. 그들의 편도핵은 다만 거기에 열의와 감동이 있는지를 느끼려 한다.

성공한 이들은 타인에게 감동하는 능력을 지닌 사람들이다. 그들은 열정이 낳는 힘, 감동이 끌어내는 에너지를 알고 있다. 때문에 솔직하게 감동할 수 있는 사람을 소중히 하고, 감동할 줄 모르는 사람은 철저하게 싫어한다. 따라서 하루 중 대부분의 시간을 마주하고 사는 자신의 일에마저 감동할 수 없는 사람은 운이 있는 사람들과 어울릴 자격이 없다고 생각하는 편이 좋다.

고통스런 노력은 왜 소용이 없을까? 감동이 없기 때문이다. 감동이 없는 노력은 지속될 수 없다. 성공한 이들은 감동이 의지를 강화해 단단한 신념을 만든다는 사실을 깨달은 사람들이다.

다행히 열정과 감동은 공짜로 손에 넣을 수 있다. 이미 눈치 채고 있을지도 모르지만, 세상에서 가장 소중한 것들은 모두 공짜다. 따라서 누구나 성공할 수 있다. 공짜로 얻을 수 있는 소중한 것들을 이용해 운이 있는 사람들을 끌어들이자. 운이 있는 사람에게 호감을 사도록 스스로를 디자인하자.

운이 좋은 사람과 사귀기 위한 방법은 대체로 다음과 같다.

- 적극적으로 상대방과 어울리려는 습관을 지녀라.

- 열정을 불어넣어라. 열정보다 더 좋은 설득의 기술은 없다.

- 스스로에 대한 최고의 이미지를 가지고 대화하라.

- 리스크에 기꺼이 도전하라. 상대는 리스크 없이는 발전도 없음을 알고 있다.

- 일관성을 가지고 대하라. 상대는 일관성이 지속적 능력의 표출임을 알고 있다.

- 자신의 모든 것을 숨김없이 드러내지 마라. 상대의 눈에는 보기 흉할 뿐이다.

- 어떠한 약점도 보이지 마라. 상대가 당신의 장점만을 보게 하라.

- 꿈을 이야기하라. 꿈이 없는 사람은 매력이 없다.

- 절대로 불만이나 변명을 입에 담지 마라. 상대는 불만을 토로하는 사람은 약하다고 알고 있다.

- 다른 사람에 대한 험담은 금물이다. 상대에게 불신감만 안겨준다.

- 100% 자신 없는 이야기는 하지 마라. 99%는 0%와 똑같다.

- 사과할 일은 하지 마라. 사과하는 사람은 약속을 지키지 않는 사람과 똑같이 취급될 수 있다.

- 너무 친밀한 교제는 피하라. 지나치게 친밀히 행동하면 신뢰를 잃는다. 절제되고 쿨한 관계를 유지하라.

운이 있는 사람에게
시간을 투자하라

'운이 좋은 사람과 사귀기 위한 방법'이 버겁게 느껴지는 사람도 있을 것이다. 하지만 운이 좋은 사람, 성공한 사람들에게는 그저 자연스러운 행동양식의 일부이다. 운이 좋은 사람과 어울리는 일은 상사나 회사에 대한 험담을 늘어놓고 푸념을 일삼는 사람들하고 어울리는 일과 애당초 차원이 다른 이야기다.

😞 운이 없는 사람들과 어울리기는 쉽다. 운이 없는 사람들은 어울리기 쉬운 상대하고만 어울린다.

🙂 운이 있는 사람은 어울려서 도움이 되는 상대와 어울린다. 따라서 운이 있는 사람과 어울릴 때는 스스로를 향상시키고자 하는 마음이 필요하다.

왜 운이 없는 사람들과는 어울리기가 쉬울까? 운이 없는 사람들은 돈을 낭비하고, 시간을 낭비하고 우정을 낭비하고, 인생을 낭비한다. 세상에 낭비만큼 쉬운 일도 없다. 스스로를 향상시킬 필요도, 성장시킬 필요도 없으니 말이다.

사람과 사람 사이에는 어떤 경우든 감응 혹은 동화현상이 일어난다. 어울리고 있는 상대방의 사고나 감정에 반응하고 감화되어 어느새인지 모르게 비슷한 생각, 비슷한 사고방식을 갖게 되는 것이다. 따라서 운이 없는 사람들과 어울리다보면 부지불식간에 똑같이 운이 없는 사람으로 전락하고 만다.

오래 함께 산 부부들을 관찰해보면 놀라운 사실이 눈에 띈다. 남매가 아닐까 싶을 만큼 얼굴 생김새까지 꼭 닮아 있는 것이다.

자신이 되고 싶은 사람과 어울리는 것. 그것이 좋은 운을 만드는 인간관계의 원칙이다. 프로비즈니스맨이 되고 싶다면 프로비즈니스맨과 어울려라. 프로비즈니스맨의 요소를 확실히 갖춘 다음과 같은 유형의 사람과 어울리도록 유의하라.

▶ 긍정적 사고를 지닌 사람

긍정적인 사고는 좋은 운을 얻기 위한 절대조건이며, 프로비즈니스맨의 필수요건이다.

고도경제성장기에는 부정적인 사고를 갖고 있어도 어떻게든 일을 해나갈 수 있었다. 만들기만 하면 물건이 팔리는 경제적 호황기는 모두가 승리자인 시대였다.

그러나 오늘날과 같은 저성장기에는 부정적 사고의 소유자는 반드시 패배한다. 아무리 어려운 경제상황에서도 눈 하나 깜짝하지 않고 위기를 기회로 생각할 수 있는, 기회라고 착각해버릴 수 있는 사람. 그렇게 철저하게 긍정적인 사고를 지닌 사람만이 두각을 나타낼 수 있다.

긍정적인 사고의 소유자와 얼마나 많이 어울리는가? 당신이 성공할 수 있느냐 없느냐는 여기에 달려 있다고 해도 과언이 아니다.

▶ 일을 재미있어하는 사람

비즈니스에 운이 있는 사람의 편도핵은 일에 대해 쾌감을 느낀다. 즐기면서 일하는 것. 이는 어떤 분야에서든 프로가 되기 위한 필수조건이다.

일이 재미있는 사람이 모이면 일 자체가 재미있어진다. 일이 재미없는 사람이 모이면 아무리 열심히 해도 재미없는 일밖에 할 수 없다.

'일을 즐겨라.' 아마 귀가 닳도록 들어온 말일 것이다. 하지만 편도핵에 일에 대한 불쾌한 기억데이터만 입력돼 있으면 아무리 노력해도 일을 즐길 수가 없다. 그래서 다른 사람의 힘을 빌리는 것이다. 우선 일이 재미있는 척한다. 그러면 일을 재미있어하는 사람, 재미있는 일을 하고 싶어 어쩌지 못해하는 사람이 반드시 모여든다. 이쯤 되면 '상황 끝'이다. 모여든 사람들과 어울리는 사이에 그들에게 감화되어 나중에는 정말로 일이 재미있어져버린다.

▶ 능력이 뛰어난 사람

무엇 때문인지는 잘 모르겠지만, 자기보다 능력이 뛰어난 상대는 멀리하고 뭔가 모자란 축하고만 어울리는 사람이 있다.

내 경우는 나보다 뛰어난 능력의 소유자라는 판단이 서면 사람이든 고양이든 가리지 않고 사귄다. 괜히 자존심 내세우며 나보다 능력이 뛰어난 사람과 어울리지 않는다면 나만 손해다.

일뿐 아니라 취미생활에 있어서도 능력이 뛰어난 사람과 어울리다보면 많은 것을 배울 수 있다. 나는 이를 '환경이 주는 지혜'라고 부른다.

사담이지만, 내 아내는 취미로 수묵화를 배우고 있다. 수묵화의 대가를 선생으로 모시고 있는데, 처음에는 엉성했던 그림이 날이 갈수록 멋있어지는 것이었다. 게다가 선생의 영향을 받아 일상생활에서도 아내의 태도와 언행에 자연스레 품위가 묻어났다. 능력이 뛰어난 사람과 어울리면 부지불식간에 자신의 능력도 높아진다는 사실을 보여주는 좋은 예라 할 수 있을 것이다.

▶ 연륜 있고 경험이 풍부한 사람

나는 20대에 주로 나이가 많은 상사들과 어울렸다. 30대 전까지 10억 원을 모으기로 작정하고 철저하게 구두쇠 노릇을 하는 중이었기 때문에, 술집에 가더라도 내 쪽에서 술값을 계산할 염려가 없는 상사들과 어울린 것이다. 덕분에 나는 젊은 시절에 생각보다 큰 재산을 모을 수 있었다.

젊은이들을 상대로 나는 기회 있을 때마다 '연장자나 상사, 선배들과 어울려라'고 조언한다. 하지만 무책임하고 엉성한 상사나 동기부여가 낮은 선배와 어울려봤자 아무 소용없다. 오히려 그들에게 감화되어 똑같이 무책임하고 동기부여가 낮은 샐러리맨으로 전락하는 결과만 초래한다.

반대로 무척 존경스럽고 엄격해서 차마 멀리하고 싶은 존재일지라도, 일에 엄격한 상사나 선배와 어울려야 한다. 왜냐하면 슈퍼컴퓨터인 우리의 뇌는 사람과 만나고 있는 동안에도 탐욕스럽게 학습을 계속한다. 때문에 능력 있는 상사나 선배와 어울리게 되면 저절로 상대의 사고나 행동을 배워 어느샌가 모르게 자신의 능력도 높아지는 결과를 부른다. 20대라면 30, 40대의 실력 있는 연장자와 어울리는 일만으로도 그렇지 않은 사람보다 모든 면에서 훨씬 더 성장할 수 있다.

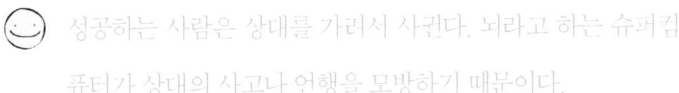 성공하는 사람은 상대를 가려서 사귄다. 뇌라고 하는 슈퍼컴퓨터가 상대의 사고나 언행을 모방하기 때문이다.

절망을 모르는 천재의 편도핵

당신이 현재 운이 없는 샐러리맨, 자영업자, 주부, 아버지, 수험생, 룸살롱마담이라면 앞으로도 운이 없는 샐러리맨, 자영업자, 주부, 아버지, 수험생, 룸살롱마담일 수밖에 없다.

운이 없는 사람은 왜 운이 없는 삶을 벗어날 수 없는가? 뇌라고 하는 슈퍼컴퓨터가 운이 없는 자신의 모습을 예감하고 운이 없는 미래를 예지해 그대로 현실화해버리기 때문이다.

☹ 운이 없는 마담은 장사가 잘 되는 룸살롱도 망하게 만든다.
☺ 운이 좋은 마담은 장사가 안 되는 룸살롱도 잘 되게 만든다.

성공한 사람의 뇌는 늘 운이 좋은 미래를 예지·예감하고, 예지·예감한 대로 운이 좋은 미래를 실현해간다. 왜 그들의 뇌는 항상 운이 좋은 미래를 예지·예감하는 것일까? 슈퍼컴퓨터의 중추인 편도핵이 늘 기분 좋은 상태에 있기 때문이다. 편도핵이 불쾌해지면 자기방어본능이 작용해 두려움이나 불안과 같은 부정적인 감정이 생긴다. 때문에 현실에 대해서도 부정적으로 느끼며 좋은 미래를 그릴 수 없게 된다.

'늘 기분 좋은 상태를 유지한다는 게 말이 돼? 그건 절대 불가능해.' 이렇게 생각했다면 당신은 정상적인 판단력의 소유자이다. 하지만 판단력은 100% 정상인 대신, 십중팔구 운이 없는 사람이다.

보통 사람과 성공한 사람의 차이가 여기에 있다. 정상적인 판단력의 소유자라면 편도핵을 100%, 아니 120% 불쾌하게 만들어 틀림없이 절망해버릴 상황에서도 성공한 사람은 거짓말처럼 편도핵을 기분 좋게 만드는 능력이 있다.

에디슨의 에피소드를 예로 들어보자. 에디슨이 전구를 발명할 때 가장 애를 먹은 부분은 전류를 빛으로 바꾸는 물질인 필라멘트를 발견하는 일이었다.

에디슨은 필라멘트가 될 만한 물질의 표본을 세계 각지에서 모아들여 하나하나 실험해나갔다. 그 고생을 보다 못한 주변 사람이 '이제 그만 포기하지 그래' 하며 충고한 것은 실험이 2,000회를 넘어섰을 때였다. 보통 사람이라면 2,000번을 실패하고 나면 편도핵의 기억데이터가 '이건 무리야, 성공은 불가능해'라고 말하기 시작한다.

하지만 에디슨은 달랐다. '필라멘트가 될 수 있는 물질은 세상에 약 5,500 종류가 있다. 이미 2,000번을 실험했으니 앞으로 3,500번만 더 하면 된다. 머지않아 이 실험은 끝날 것이다.'

2,000번이나 실패를 거듭했음에도 천재의 편도핵은 여전히 기분 좋은 상태를 유지하고 있었다는 얘기다.

몇 년 전에 나온 오토다케 히로타다의 〈오체불만족〉이라는 책이 엄청난 베스트셀러가 된 것도 그러한 비상식적인 편도핵이 많은 사람들을 감동시켰기 때문이다. 더 이상의 설명이 필요 없을 정도로 이미 잘 알려진 이야기지만, 책의 저자인 오토다케 히로타다는 세상에 나올 때부터 선천성 사지절단이라는 장애를 안고 태어났다.

사지가 없는 채로 태어났다는 것은 보통 사람들이 볼 때 매우 불우한 일이다. 하지만 이 청년의 편도핵은 무슨 일에서건 도무지 '절망'이라는 단어를 모른다. 그는 '장애는 불편하지만, 결코 불행하지 않다'고 단언한다. 게다가 운이 없기는커녕 일류 대학인 와세다대학에 당당히 합격하고, 장애를 지닌 자신을 소재로 기록적인 베스트셀러를 펴내는가 하면, 대학 졸업 후에는 건강한 사람도 힘에 부친 스포츠기자로 활약한다. 불가능을 모르는 편도핵의 소유자답게 그는 잇따라 운 좋은 일이 일어나는 삶을 살아온 것이다.

오토다케나 에디슨처럼, 세상에는 어떠한 상황에서도 편도핵을 기분 좋은 상태로 유지할 수 있는 사람들이 있다. 그리고 그들의 삶에는 반드시 행운이 계속해서 따라붙는다. 그렇다면 우리도 그들의 흉내를 내면 그만이다. 게다가 흉내 내기는 결코 어려운 일이 아니다. 몇 가지 방법만 알고 있으면 쉽게 가능하다. 그도 그럴 것이, 우리의 편도핵은 매우 단순해서 입력하는 데이터를 조금만 바꿔주면 금방 착각에 빠져버리기 때문이다.

튀는 쪽이 이긴다

　나는 직업상 날마다 다양한 사람들을 만난다. 개중에는 호감이 가는 사람도 있고, 안 가는 사람도 있다. 내가 대체로 호감을 느끼는 부류는 자신의 약점을 숨기지도, 부끄러워하지도 않고 솔직히 인정하는 사람이다. 〈오체불만족〉의 주인공처럼 자신의 약점을 태연하게 인정할 수 있는 사람, 오히려 그것을 강점으로 만들어버리는 사람은 굉장한 매력의 소유자이다.

　　😣　약점은 감출수록 더욱 자신을 구속한다.
　　😊　숨김없이 드러내고 자랑해버리면 약점은 곧 강점이 된다.

　실은 나에게도 '불만족'이 있다. 30대부터 서서히 머리카락이 빠지기 시작해 지금은 아예 대머리가 되어버린 일인데, '오체불만족'에 비하면 그야말로 아무것도 아닌 불만족이다. 하지만 내 입장에서는 그리 작은 문제만은 아니다.

대머리가 부끄럽다고 가발을 쓰는 것은 최악의 선택이다. 왜 굳이 대머리를 숨기는가? 대머리가 부끄러운 것은 숨기려고 하기 때문이요, 편도핵이 불쾌하다고 느끼고 있기 때문이다. 숨기면 숨길수록 대머리를 의식하지 않을 수 없게 되고, 그러면 편도핵은 더욱더 불쾌해진다. 차라리 철저하게 자랑하고 트레이드마크로 만들어버리면 결국은 편도핵의 조건화가 바뀐다. 사람들 사이에 '대머리 하면 니시다, 니시다 하면 대머리'라는 공식이 성립되고 나면 상황은 끝이다. 어딘가에서 대머리가 화제로 떠올랐을 때 '그러고 보니 요즘 니시다 씨가……', '아, 그 니시다 씨는……'이라는 말이 나오면 되는 것이다.

운에는 다음과 같은 원칙도 있다.

 남의 눈에 띄는 사람이 운을 끌어당긴다.

운은 다른 사람이 건네주는 것이다. 그렇다면 일단 튀지 않으면 안 된다. 타인으로부터 '어라?', '헉!' 하는 반응을 얻을 수 없는 사람이라면 아무도 그에게 운 따윈 건네주지 않는다. 좋은 의

미에서든 나쁜 의미에서든 어쨌든 튀는 쪽이 이긴다.

일본 국가대표축구팀에서 미드필더로 활약하는 오노 신지 선수는 대머리가 아닌데도 일부러 머리를 박박 밀어버렸다. 2001년에 네덜란드의 명문 축구팀 페예노르트로 이적할 당시 유럽 여러 팀에서 오노 쟁탈전을 벌였다고 하는데, 경기 때마다 스탠드에서 호시탐탐 선수들의 움직임을 예의주시하는 스카우트 담당자들한테는 그의 스킨헤드가 싫어도 눈에 띄었을 것이다.

대머리를 부끄럽게 여겨 가발 속에 감추면 단점이 되지만, 튀기 위한 상징으로 당당하게 드러내면 강점이 된다.

약점도 자랑하면 장점으로 둔갑한다

자신이 대머리라는 사실을 기뻐할 사람은 없으리라. 나도 좋아서 대머리가 된 것은 아니다. 하지만 그 대머리마저 얼마든지 장점 혹은 이점으로 바꿀 수가 있다. 나는 강연장에 나가서도 대머리에 관해 농담을 하곤 하는데, 청중들의 반응은 폭발적이다. 자신의 단점을 농담거리로 삼을 수 있는 상대에게 사람들은 호감과 친근감을 느낀다.

약점이니 결점, 단점, 장점, 강점 등은 어차피 뇌의 조건화에 지나지 않는다. 요컨대 착각인 것이다. 착각이기 때문에 얼마든지 그 가치를 전환시킬 수 있다.

예를 들어 머리가 좋다고 잘난 체하는 사람은 타인으로부터 호감을 얻기 힘들다. 예쁜 외모만 믿고 건방지게 행동하면 그야말로 '재수 없는 인간'으로 낙인찍히기 십상이다. 일을 잘할 수 있다고 자만하는 사람은 언젠가 반드시 자신의 무능력을 깨달을 날이 온다.

스스로 생각하는 자신의 장점은 실은 진정한 장점이 아니다. 진정한 장점이란 다른 사람이 평가하고 인정해주는 장점이다.

- (x_x) 스스로 생각하는 자신의 장점은 십중팔구 다른 사람들에게 단점으로 보인다.
- (^_^) 스스로 생각하는 자신의 단점을 솔직하게 드러내면 다른 사람들에게 장점으로 보인다.

세상에는 자신의 단점을 어떻게든 감추려고 필사적으로 노력하는 사람도 없잖아 있다. 결론부터 말하자면 이런 노력은 결코 열매를 맺지 못한다. 괜한 헛수고라는 얘기다. 단점은 고칠 수 없기 때문에 단점이다. 고칠 수 없는 것을 고치려고 아까운 시간을 낭비할 이유는 없다.

그러나 단점 때문에 자신에 대해 편도핵이 '불쾌감'을 느낀다면 문제가 된다. 스스로에 대해 긍정적인 감정을 가질 수 없는 사람에게는 운이 찾아올 리 없다.

다행히 편도핵은 무척 단순해서 쉽게 속는다. 2,000번이나 실험에 실패하고도 '운이 좋다'고 착각할 수 있고, 팔다리가 없어도 행복하다고 생각할 수 있는 것이다. 가치관을 조금만 바꾸면 편도핵이 느끼는 쾌감과 불쾌감은 금방 역전된다.

- 대머리라는 사실에 자신감을 가지는 사람은 대머리가 장점이 된다.
- 머리가 나쁘다는 사실에 자신감을 가지는 사람은 나쁜 머리가 장점이 된다.
- 외모가 떨어진다는 사실에 자신감을 가지는 사람은 못난 외모가 장점이 된다.
- 자신의 단점까지 포용할 수 있는 사람은 단점이 그대로 장점이 된다.

'약점이나 단점에 자신감을 갖는 일이 얼마나 어려운지 아느냐'고 반론을 제기하는 사람도 있을 것이다. 하지만 어렵다고 느끼는 것 역시 착각이다. 사실 단점을 장점으로 바꾸는 일은 전혀 어렵지 않다. 자랑하면 그만이다. 거짓말이라도 좋으니 단점을 자랑하면 되는 것이다.

 약점이나 단점은 자랑해버리자.

'내가 좀 바보예요'라고 자랑해버리면 더 이상 '바보'라는 소리는 듣지 않는다. 오히려 '저 사람은 바보인줄 알았는데, 전혀 아니네'라는 말을 듣는다.

　대머리이든, 못난 외모이든, 소극적인 성격이든, 달리는 업무 능력이든, 오체불만족이든 모든 약점은 자랑하는 순간부터 장점으로 바뀐다. 이것은 사람의 가치를 뒤집어버리는 참으로 신기한 마법이다. 그런 식으로 일단 뒤집어버리면 큰 약점일수록 강력한 장점이 된다.

긍정적인 말의 위력

싫어하는 선생님이 가르치는 과목은 대체로 성적이 나쁘다. 이는 누구나 다 아는 진리다. 일반적으로 학생에게 미움 받는 교사는 가르치는 방법이 서툴다. 하지만 그것이 학생의 성적을 떨어뜨리는 이유의 전부는 아니다. 더 큰 원인은 선생님에 대한 싫은 감정 때문에 학생의 편도핵이 불쾌해져 공부할 의지가 사라져버리는 데 있다.

'불쾌'힌 슈퍼컴퓨터는 반드시 '성공할 수 없는 소프트웨어', '성적이 떨어지는 소프트웨어'를 실행하기 시작한다. 왜냐하면 슈퍼컴퓨터는 편도핵이 불쾌하다고 판단한 대상을 자기방어 차원에서 멀리하고 거부하도록 혹은 공격하도록 작용하기 때문이다. 등교거부, 교내폭력 등은 학교나 선생님에 대해 학생들의 편도핵이 불쾌함을 느끼는 데서 기인한다.

　공부를 싫어하는 수험생과 상담할 기회가 있을 때마다 나는 '공부가 힘들다면 안 해도 된다. 아니, 결코 하지 마라'고 조언한다. 입시가 코앞이니 억지로라도 공부하고 노력해야 한다는 것은 말도 안 되는 소리다.

　현재 당신이 수험생이라면 책상 앞에 앉을 때마다 '공부해야 한다'는 생각 대신 '지금부터 공부라는 게임을 즐겨보자'고 생각하라 충고하고 싶다. 실제로 '공부를 즐기자'고 하루에도 몇 번씩 같은 말을 반복하다보면 어느새 공부가 싫다는 생각이 사라지고 희한하게도 공부를 즐기는 체질로 변해버린다. '말'이라는 것은 그만큼 큰 힘을 지닌다.

　'뻔한 속임수 아냐? 말 몇 번 한다고 공부가 좋아지면 세상에 공부 못하는 사람 하나도 없겠네'라고 시비를 거는 사람은 뇌라고 하는 슈퍼컴퓨터의 시스템을 모르는 사람이요, 그런 '뻔한 속임수'를 한 번도 실행해본 적이 없는 사람이다. 인간에게 가장 필요한 도전정신이 부족한 사람이라고 봐도 무방할 것이다.

　뇌라고 하는 슈퍼컴퓨터의 데이터 입력은 주로 '감각'과 '언어'를 통해 이루어진다. 시각, 청각, 미각 등의 오감도 '예쁘다'거나 '시끄럽다'거나 '맛있다'거나 '향기롭다'와 같은 언어에 의해 의미부여가 이루어졌을 때 비로소 사람의 것이 된다. 이는 인간의 뇌가 지니는 가장 큰 특징이다.

따라서 공부에 대해서건 일에 대해서건 '고통스럽다', '싫다', '힘들다', '지겹다' 따위의 단어가 입력되고 조건화되면 편도핵은 불쾌하다고 반응한다. 공부도 일도 고통스럽고 힘들어져 공부가 즐겁지 않은 체질, 일을 싫어하는 체질이 되어버리는 것이다.

그러므로 슈퍼컴퓨터에 입력하는 언어를 의식적으로 바꿔보자.

- 회사(학교)에 간다 → 세상에서 가장 재미있는 곳에 간다.
- 일(공부)한다 → 오늘도 철저하게 즐기자.
- 귀찮은 업무 → 능력을 향상시킬 수 있는 기회다.
- 싫어하는 상사 → 반면교사 역할을 하는 고마운 상사.
- 까다로운 선배 → 의지와 자기 철학이 강한 매력적인 선배.
- 말을 함부로 하는 동료 → 자신의 의사를 과감하고 솔직하게 표현하는 사람.
- 쩨쩨한 사람 → 낭비하지 않고 자기관리에 뛰어난 사람.

이처럼 사고의 부정적 회로를 긍정적 회로로 새롭게 바꿔보는 것이다. 인간의 뇌는 정반대되는 두 가지 데이터를 동시에 입력하지 못한다. 때문에 '즐겁다'고 생각할 때는 '괴롭다'라는 생각이 틈입할 여지가 없다.

☺ 부정적인 사고를 100번 했다면 긍정적인 사고를 101번 하면 된다.

우리는 자신도 모르는 사이에 부정적으로 사고하는 습성이 있다. 그러나 긍정적으로 사고하는 습관을 기르면 긍정적인 이미지, 긍정적인 감정도 함께 습관화할 수 있다.

반성에 대한 오해

　사람들은 대체로 반성을 좋아한다. 〈논어〉에도 '하루에 세 번 반성하라'는 대목이 나오거니와, 반성을 좋아하는 데는 고금동서가 따로 없고 남녀가 따로 없다.

　왜 인간은 이토록 반성을 좋아하는 것일까? '반성하면 능력이 향상된다'고 오해하고 있기 때문이다. 직장에서도 틈만 나면 회의를 열어 '이 부분이 나쁘다', '저 부분은 고쳐야 한다'는 식으로 부정적인 발언을 일삼는 관리자가 있다. 내가 볼 때 이런 관리자가 있는 직장은 분명히 재수 없는 직장이다.

　　☺　일이 안 풀릴 때는 반성하지 말자. 오히려 일이 아주 잘 풀릴 때 반성하자.

믿기 힘들지 모르지만, 세상 어떤 분야에서든 성공하는 이들은 하나같이 '반성을 모르는 사람'들이다. 특히 그들은 상황이 안 좋을 때, 일이 순탄하게 풀리지 않을 때 '절대로'라고 해도 좋을 만큼 반성하지 않는다.

밤낮없이 반성만 하고 있는 이들은 백이면 백, 능력 없는 사람들이다. 무슨 일만 있으면 기다렸다는 듯 회의를 열어 반성을 유도하는 관리자는 절대 성공할 수 없는 관리자요, 그런 사람이 관리자로 있는 조직은 절대 성공할 수 없는 조직이다.

사람들은 흔히 상황이 나쁠 때 소극적이고 부정적인 생각에 빠져들기 쉽다. '이래서는 안 되는데' 하는 불안과 조바심이 실수에 실수를 더하게 하고 결국은 상황을 더욱 나쁜 쪽으로 몰고 간다. 늘 잘못만 이야기하고 자신감을 갖지 못하는 이들은 으레 능력 없는 사람들이다.

☹ 일이 안 풀릴 때는 심각하게 고민하면 할수록 더욱 꼬인다.

그렇다면 일이 안 풀릴 때는 어떻게 하면 좋을까? 해답은 간단하다. '일이 안 풀릴 때→고민한다→더욱더 일이 꼬인다'가 문제이므로, '일이 안 풀릴 때→고민하지 않는다'를 행동으로 옮기면 그만이다. 세상에서 성공하는 이들은 이 원칙을 실천하는 사람들이다. 그들은 매사가 잘 풀리지 않을 때야말로 과감하게 행동해 '일이 안 풀릴 때→고민하지 않는다→행동한다'는 원칙을 실행한다.

나쁜 상황을 타개하는 번뜩이는 아이디어는 논리에서 비롯하는 것이 아니다. 행동에서 나오고 변화의 와중에 나온다.

뇌가 '일이 잘못됐다'고 느낄 때는 편도핵도 '불쾌'한 상태가 된다. 이럴 때 제아무리 머리를 싸매고 이런저런 고민을 해봤자 훌륭한 아이디어나 좋은 해답은 절대로 떠오르지 않는다. 스포츠의 세계에서는 이와 같은 상태를 '슬럼프'라고 부른다. 슬럼프에서 탈출하는 가장 효과적인 방법은 고민하지 않는 것이다. '생각하지 말고 행동하라'는 스포츠뿐 아니라 다른 모든 분야에서도 슬럼프 탈출의 가장 좋은 방법이다.

야구의 경우를 예로 들자면, 성적부진에 빠진 타자가 타격 폼이나 타이밍 등을 고민하면 할수록 슬럼프는 더 깊어진다. 뛰어난 선수는 대체로 '오는 공을 칠 뿐'이라는 심경으로 타석에 서 자연스레 슬럼프의 늪에서 빠져나온다.

생각이 필요한 때는 오히려 일이 잘 풀릴 때이다. 일이 뜻대로 척척 잘 풀릴 때는 마음이 들뜨고 '우쭐거리는 상태'에 빠져 반성할 기회를 놓치기 쉽다. 때문에 실패나 실수가 많아져 종국에는 재앙을 부르는 결과를 낳는다. 이른바 '호사다마(好事多魔)'인 것이다.

모든 일이 순조롭게 진행되어 뇌가 들뜨고 설레는 멘탈비거러스 상태일 때야말로 자신을 돌아보고 문제점을 점검하고 머리를 식혀야 한다. 뇌가 성공에 대한 열기로 뜨겁게 달아올랐을 때 반성이라는 진정장치가 필요한 것이다.

실패한 경험은 빨리 잊어버려라

뇌라고 하는 슈퍼컴퓨터는 예지 · 예감을 실현하기 위해 전력을 다한다. 그 예지 · 예감이 자신이 바라는 바냐 아니냐는 전혀 개의치 않는다. 하지만 그래서는 곤란하다. 천재가 아닌 우리 평범한 사람의 예지 · 예감은 실현되면 실로 곤란한 것투성이다. 우리가 싫은 예감이나 나쁜 예지를 좋은 예감과 좋은 예지로 바꾸지 않으면 안 되는 이유가 여기에 있다.

옛날 사람들은 자신이 죽는 꿈을 두고 '좋은 일이 생길 징조'라고 여겼다. 말이 그렇지, 사실 자기가 죽는 꿈은 아무리 생각해도 좋은 일이 일어날 전조일 수 없다. 오히려 최악의 꿈이다. 그런데도 왜 옛사람들은 '자신이 죽는 꿈을 꾸면 좋은 일이 일어난다'고 생각했을까? 이유는 간단하다. 나쁜 꿈을 꾸고 나면 편도핵이 불쾌해져 부정적인 사고, 부정적인 감정, 부정적인 이미지가 잇따라 일어난다. 때문에 흉몽을 길몽이라고 믿어버림으로써 나쁜 꿈을 꾼 뒤 불쾌해진 편도핵을 유쾌하게 전환하고 꺼림칙한 기분을 좋은 예감으로 바꾸고자 한 것이다.

브레인트레이닝에서는 기존의 부정적인 사고와 이미지, 감정을 지우고 긍정적인 것으로 새로 바꾸는 작업을 '클리어링'이라고 부른다. 자신이 죽는 꿈을 '길조'라고 해석하는 방식도 브레인트레이닝 식으로 말하자면 확실한 클리어링의 실례라고 볼 수 있다. 나쁜 예감은 나쁜 결과를 부르기 때문에 흉몽 뒤의 불길한 예감을 긍정적인 예감으로 바꾸는 이 같은 꿈풀이는 옛사람들의 훌륭한 지혜가 아닐 수 없다.

"지금 실력으로는 당연한 결과입니다. 아쉽지만 후회가 남는 경기는 아니었어요. 기술적인 문제가 무엇인지 알았으니, 다음 대회에서는 더 좋은 결과가 나올 겁니다."

얼마 전 내 고객인 프로골퍼 나카지마 치히로 선수가 일본 여자프로골프 투어 리조트라스트레이디스에서 준우승을 차지하고 나서 밝힌 소감이다. 나는 늘 그녀에게 '최고'를 노리라고 조언해왔다. 그래서인지 그녀는 준우승을 하고서도 '기쁘다', '잘됐다'라고 말하지 않았다. 준우승이라는 결과에 만족해버리면 투쟁심과 집중력이 사라지기 때문이다.

그렇다고 해서 그녀의 편도핵이 '우승할 수 없었다'는 결과에 대해 '불쾌'한 감정을 느낀 것도 아니었다. 물론 최고를 목표로 해 싸우는 사람이 눈앞에서 우승을 놓치면 편도핵이 '불쾌'해지지 않을 리 없다. 하지만 그녀는 이를 능숙하게 클리어링해 긍정적인 예감으로 바꿔놓고 있었다.

주부 프로골퍼인 나카지마 선수는 성적의 기복이 심한 것으로 유명하다. 탁월한 성적으로 대회출전 시드를 확보했다 싶으면 이듬해에는 예기치 못한 부진을 보이며 참담하게 떨어진다. 컨디션의 기복이 심한 사람은 클리어링 작업이 서툴러 한 번 실패했을 때의 부정적인 감정을 오랫동안 지니고 있는 경우가 많다. 이는 비단 골프에만 해당되는 이야기가 아니다.

예컨대 오늘 정해둔 목표를 달성하지 못하면 '할 수 없다'는 부정적인 감정을 다음날까지 끌고 가 아침부터 침울한 하루를 시작한다. 이번 프레젠테이션에 실패하면 '실패했다'는 어두운 기억을 언제까지나 질질 끌어 다음 프레젠테이션에서도 힘을 발휘하지 못한다. 부정적인 사고방식, 소극적인 태두, 의욕상실 등은 본디 그러한 '할 수 없다'나 '실패'의 축적이다. 따라서 부정적인 사고와 이미지, 감정이 일어날 때마다 하나하나 클리어링해 부수어나가는 일이 중요하다.

😊 운이 좋은 사람은 실패의 경험을 금방 잊어버린다.
😞 운이 나쁜 사람은 실패의 경험을 오랫동안 기억한다.

성적의 기복이 심해 스스로도 답답했던 나카지마 선수가 처음 상담하러 왔을 때 나는 이렇게 말했다.

"그처럼 심각하게 고민하다니, 당신은 행복한 사람입니다. 해결할 수 있는 문제니까 고민하는 것이죠. 해결할 수 없는 문제라면 절망을 하지 고민하지 않아요."

내가 그녀에게 전하고 싶었던 것은 클리어링의 중요성이다. 클리어링 하나로 사람의 감정은 얼마든지 바꿀 수 있다. 데이터를 입력하는 방법에 따라 불행의 수렁에 빠진 듯한 기분도 거짓말처럼 행복하게 일변해버린다.

머리가 좋은 그녀는 내가 하고자 하는 말을 금방 이해했다. 앞서 얘기한 준우승 소감에서만 봐도 그녀는 분한 마음을 투쟁심으로 남겨두면서 '아쉽지만 후회가 남는 경기는 아니었다'고 편도핵의 '불쾌감'을 전환한다. 나아가 '기술적인 문제가 무엇인지 알았다'는 말로 준우승이라는 결과를 긍정적으로 평가해 편도핵을 '기분 좋게' 하고 있는 것이다.

행운을 불러들이는 자기암시법

이미 눈치 챘겠지만, 클리어링은 일종의 자기암시이다. 누군들 패배한 시합을 두고 후회가 남지 않겠는가. 더군다나 나카지마 선수의 경우는 전날까지 선두를 지키고 있었으니, 할 수만 있다면 시간을 거꾸로 되돌리고 싶었을 것이다. 하지만 그녀는 '후회가 남는 경기는 아니었다'고 자신의 플레이를 평가했다. 자기암시인 것이다.

암시라고 하면 뭔가 특별하고 대단한 방법처럼 들릴지도 모르겠다. 하지만 우리가 지닌 가치관이나 목표의 대부분은 자기암시인 동시에 믿음이며 착각이다. 착각이기 때문에 때로는 깬다. 공원이나 길바닥을 집으로 알고 사는 노숙자들은 대체로 보기 좋게 착각에서 깨어버린 사람들이다.

지금보다 나은 삶을 살고 싶다면 반드시 자기암시가 필요하다.

운이 좋은 사람은 자기도 모르는 사이에 긍정적인 암시를 건다.
운이 나쁜 사람은 자기도 모르는 사이에 부정적인 암시를 건다.

▶ 아침에 하는 자기암시

아침은 하루의 시작이다. 아침의 뇌에 생기는 이미지에 따라 그날 하루의 운이 결정된다고 해도 과언이 아니다. 다시 말해 아침의 편도핵이 그날 하루의 내용을 좌우하는 것이다.

'오늘은 까다로운 거래처와 면담 약속이 있는 날이군.'

'오늘까지 고객불만을 처리해야 하는데, 우울하군.'

'왠지 몸이 무겁고 의욕이 생기지 않아.'

편도핵이 부정적인 상태로 하루를 시작한다면 최악이다. 이럴 경우 의식적인 자기암시를 통해 반드시 긍정적인 변화를 유도해야 한다.

아침에는 기분을 북돋아 뇌를 들뜨고 신나게 만드는 자기암시를 실행한다.

① '오늘은 운이 좋을 것 같다'는 말을 여러 차례 반복한다.

(예: 오늘 거래처와의 상담은 잘 될 것 같다.)

② '오늘은 운이 좋다'고 다섯 번 이상 단정적으로 말한다.

   (예: 오늘 거래처와의 상담은 반드시 잘 된다.)

③ 마지막으로 '운이 좋다'는 말만 몇 번이건 반복한다.

   (예 : 상담은 반드시 잘 된다.)

▶ 밤에 하는 자기암시

잠자기 전에는 기분을 진정시키는 자기암시를 한다. '운이 좋았다'고 실감하는 것이 밤의 자기암시이다.

우선 오늘 하루 동안 쌓인 부정적인 기억을 긍정적인 것으로 바꾸어 편도핵을 기분 좋은 상태로 확실히 되돌려놓아야 한다. 잠들기 직전의 감정을 최고의 상태로 끌어올려 오늘 하루도 '운'이 있었다고 느껴지도록 자기암시한다.

① '오늘 하루도 무사히 잘 보냈다. 운이 좋았다'고 여러 차례 되풀이한다.

② '오늘은 확실히 운이 좋았다'고 다섯 번 이상 단정적으로 말한다.

③ 마지막으로 '운이 좋다'만 몇 번이고 반복한다.

암시에서 중요한 것은 확신이며, 특히 ③에 해당하는 암시는 현재진행형으로 한다. '~하고 싶다'라는 소망형, '~할 것이다'라는 미래형, '~하지 않았으면 좋겠다'라는 부정형으로는 뇌를 완전히 바꿀 수 없다. 이러한 표현은 '~할 수 없을지도 모른다'는 부정적인 느낌을 내포하고 있다.

▶ 최강의 클리어링, '감사'

마인드컨트롤을 통해 편도핵이 최대한 유쾌한 상태가 되면 놀라운 일이 벌어진다. 편도핵과 연동하는 시상하부에 유쾌함이 전해져, 이 시상하부의 지령으로 온몸의 자율신경과 호르몬에 변화가 일어나는 것이다. 특히 뇌내 호르몬이 변화하면서 뇌에 도파민이 흘러넘쳐 무엇이든 모조리 긍정적으로 보이게 된다.

 감사하는 마음이 있으면 그 대상이 멋있어 보인다.
 멋있어 보이는 대상에게만 감사한다.

감사는 편도핵을 100% 기분 좋은 상태로 만든다. 감사할 때 우리의 뇌는 완전한 행복을 느낀다. 그것이, 우리가 갓난아기 때 혹은 더 거슬러 올라가 태아 때 자신의 생명을 100% 어머니에게 맡겨두고 자랄 무렵의 기억으로 연결돼 있는지 어떤지는 잘 모르겠다.

하지만 어쨌든 뇌라고 하는 슈퍼컴퓨터는 무엇인가에 감사할 때 100% 안심하고, 100% 자기방어로부터 해방되며, 100% 유쾌해지는 불가사의한 메커니즘을 갖고 있다.

그러므로 거짓말이라도 좋다. 감사하자. 감사하는 쪽이 이기는 것이다. 오늘 하루에 대해 감사하고, 자신의 삶에 감사하고, 살아 있는 것에 감사하고, 부모와 가족에 대해 감사하고, 직업에 대해 감사하자. 그리고 자신의 운에 대해 감사하자. 당신이 운에 감사하면 운은 당신에게 올 것이다.

감사하는 마음이 있으면 그 대상은 반드시 긍정적으로 보인다. 나는 매일같이 아내에게 감사하며 사는데, 희한하게도 세월이 흐를수록 아내가 아름다워 보인다. 감사란 최고의 자기암시인 것이다.

그러나 세상에는 감사에 서투른 사람도 있다. 거짓말이라도 좋으니 감사하라고 해도 그들은 아무래도 할 수 없다고 고개를 내젓는다. 그렇다면 이렇게 한번 생각해보자.

내게 부모가 있듯 내 부모에게도 부모가 있다. 그리고 이 네 분의 조부모에게도 각자의 부모가 있고, 그 부모의 부모에게도 부모가 있으며, 또 그 부모의 부모에게도 부모가 있다. 이처럼 20대 위까지 거슬러 올라가면 나한테는 104만 8,576명의 조상이 있는 셈이다. 30대 위까지 거슬러 올라가면 무려 10억 7,374만 1,842명이라는 어마어마한 수가 된다.

10억 명이 넘는 조상 가운데 누군가 한 사람이라도 결혼 전에

요절했거나 다른 배우자를 만났더라면 나는 태어날 수 없었다. 그들 모두가 각자의 인생을 열심히, 진지하게, 씩씩하게 살아내 주었기 때문에 '나'라는 존재가 있다. 적어도 10억 7,374만 1,842명의 조상에게 '감사합니다'라고 해야 하지 않겠는가?

같은 맥락에서 당신이 지금, 여기, 이렇게 살아 있다는 사실은 확률로 따지면 엄청난 기적이다. 로또 1등 당첨과는 비교도 할 수 없는 기적이다. 그리고 상상도 할 수 없는 확률을 뚫고 지금 여기에 가까스로 도착한 당신은 최고로 운이 좋은 사람이다. 억센 행운의 소유자다.

여기까지 생각하면 인생에 감사하지 않을 수가 없다. 게다가 그 멋진 인생에서 만난 또 다른 기적이 지금 눈앞에 있는 사람들이고 보면 가족이나 친구는 물론 직장의 라이벌, 심술궂은 상사, 까다로운 거래처 담당자에게마저 감사하고 싶어진다. 그들을 볼 때마다 '나는 운이 좋아', '행운이야'라고 기뻐하지 않을 수 없어진다.

Part
4

돈 버는게 어렵다고?
나는 부자가 된다

부자가 되고 싶습니까?

심야의 지하철 안, 40대 초반의 취객 몇이 큰 소리로 떠들고 있다.

"그 녀석, 플래티넘카드를 갖고 있다면서?"

"아멕스 플래티넘카드를 가진 사람은 우리나라에 얼마 안 된다던데?"

"대단하군."

듣자 하니, 크게 성공한 옛 동창생 이야기인 듯하다.

"1년 수입이 10억이라더군."

"20억이라고 하던데?"

"경치 좋은 바닷가에 별장도 샀다지?"

"차는 또 어떻고? 으리으리한 외제차가 두 대래."

처음에는 친구를 부러워하는 말투더니, 시간이 흐를수록 분위기가 험악해진다.

"그 자식이 성공하다니, 참 모를 일이야."

"고등학교 때는 멍청했잖아?"

"찌질이였지."

"뭔가 구린 구석이 있을 거야. 그렇지 않고서야 어떻게 1년에 1,20억을 버냐고?"

"예전부터 믿을 수 없는 녀석이었지."

'부자가 되고 싶습니까?'

길 가는 사람 100명에게 이런 질문을 던지면 100명 모두 '그렇다'고 대답할 것이다. 하지만 자기 아닌 다른 누구, 그중에서도 아는 친구가 부자가 되었다는 이야기를 들으면 십중팔구 사람들은 어딘지 개운찮아하는 기색을 띤다. '나보다 잘난 것도 없는 녀석이 그렇게 성공하다니', '부자들은 정직한 족속이 아니야. 모르긴 해도 뭔가 비리가 있을 거야……'

부자에 대한 이 같은 비뚤어진 질시는 꼭 성공한 사람에 대한 질투에서 연유하는 것만은 아니다. 우리의 마음속에는 '돈은 불결한 것'이라는 잠재의식이 숨어 있다. 그리고 이러한 잠재의식은 부자가 될 수 없는 자신을 정당화할 때 의식의 표면 위로 불쑥 떠오른다.

😞 부자가 될 수 없는 사람은 '돈은 불결하다'는 잠재의식을 갖고
있다.

😊 부자일수록 '돈은 대단히 좋은 것'이라고 여긴다.

누구든 운을 끌어들여 부자가 되고 싶다면 먼저 '돈은 정말로
좋은 것'이라는 생각을 가져야 한다. 잠재의식 속에 돈이 불결하
다는 생각이 박혀 있으면 자기도 모르는 사이에 뇌가 돈에 대해
불쾌함을 느끼게 된다. 돈을 더 갖고 싶다는 자신의 의지와는 반
대로 편도핵이 돈을 싫어하고 돈 버는 일을 무엇보다 귀찮게 여겨
돈을 멀리하도록 움직여버린다. 이런 뇌의 소유자는 절대 가난을
면할 수 없다.

😊 돈을 잘 버는 사람은 돈 버는 일을 좋아하며 돈벌이가 쉽다고
생각한다.

😞 돈을 못 버는 사람은 돈 버는 일을 싫어하고 돈벌이가 굉장히
어렵다고 여긴다.

돈을 끌어당기는 운의 파도에 올라타 즐거운 인생을 사느냐, 아
니면 그림자처럼 붙어다니는 가난 속에서 유독 자기한테만 오지
않는 돈을 미워하며 괴로운 인생을 사느냐. 이것을 결정하는 것은

우연도 재능도 소질도 아니요, 피나는 노력도 아니다. 물론 재능과 소질이 있으면 금상첨화고 노력도 안 하는 것보다는 하는 쪽이 당연히 더 좋다.

그러나 부자로 사느냐 가난뱅이로 사느냐는 문제에서 결정적으로 중요한 것은 '돈' 혹은 '돈벌이'에 대해 당신의 뇌가 어떻게 조건화되어 있느냐이다.

가난이라는 질병에 걸린 사람

　그림자처럼 따라다니는 가난 속에서 살다보면 유독 자기만 피해 다니는 것 같은 돈을 미워하게 되고, 그러면 편도핵은 돈에 대해 불쾌감을 느끼게 된다. 이런 식으로 뇌에 '가난'이 조건화되어 버리면 환경이 아무리 좋아도 절대 부자가 될 수 없다. 이런 뇌의 소유자는 오히려 가난을 좋아하고 즐긴다는 생각이 들 만큼 오로지 가난해지는 쪽으로만 나아간다.

- 가난해지는 사람은 가난해지는 사고방식을 갖고 있다.
- 가난해지는 사람은 가난해지는 행동을 한다.
- 가난해지는 사람은 왠지 가난한 사람들과 어울린다.
- 가난해지는 사람은 가난을 예사로 안다.

- 가난해지는 사람은 자신이 부자가 된다고는 생각하지 않는다.
- 가난해지는 사람은 왠지 가난을 미화한다.
- 가난한 사람은 자신이 왜 가난한지를 모른다.

가난은 일종의 질병이다. 틀림없는 뇌의 질병이다. 부자가 되기를 바라고 원해도 애당초 뇌의 조건화가 잘못돼 있기 때문에 자신의 의지와는 반대로 절대 가난을 벗어날 수가 없다.

가난이라는 질병에 걸린 사람들은 자신이 환자라는 사실을 인식하지 못한다. 인식하지 못하니 치료할 수도 없다. 그런 가운데 증상은 갈수록 악화되어 마침내 손을 쓸 수 없는 지경에 이른다.

하지만 이 질병은 마음만 먹었다 하면 금방 치료가 가능하다. 그러니 지금 가난한 사람일지라도 너무 걱정할 필요는 없다. 뇌라는 슈퍼컴퓨터에 들어 있는 '가난해질 수밖에 없는 소프트웨어'를 '부자가 될 수밖에 없는 소프트웨어'로 바꾸면 그만인 것이다.

- 돈은 불결하다 → 돈은 좋은 것이고 꿈을 실현하는 데 큰 도움이 된다
- 돈벌이는 힘들다 → 돈벌이는 쉽고 재미있다.

'돈'에 대한 뇌의 조건화를 바꾸는 것만으로도 돈에 운이 따르는 사람이 될 수 있다.

잠재의식이 금전운을 좌우한다

돈에 대한 부정적인 생각부터 고치라고 말하면 '이제껏 돈이 더럽다고 여긴 적이 단 한 번도 없다'고 목에 핏대를 세우는 사람이 반드시 등장한다. 아니, 대부분의 사람들이 그럴 것이다. 물론 표면의식만 놓고 보자면 대체로 맞는 얘기임에 틀림없다. 그러나 문제는 잠재의식 쪽이다. 자신의 의지로 어떻게 해볼 수 있는 표면의식과 달리, 스스로도 인식하지 못하는 잠재의식은 아무리 속이려 해도 속일 수가 없다.

예컨대 압도적으로 많은 사람들이 '세상은 돈이 전부가 아니다'라고 생각한다. 물론 1%에 속하는 성공한 사람들도 여기서 예외는 아니다. '돈이 최고다. 세상에 중요한 것은 돈밖에 없다'고 생각하는 사람은 크게 성공할 수 없다. 일시적으로 성공할 수 있을지는 몰라도 얼마 안 가서 망한다. 왜냐하면 주위 사람들로부터 존경받을 수 없기 때문이다. 이런 사람에게는 함께 꿈을 꾸고 서로를 응원해주는 친구가 없다. 다시 말해 전형적인 '재수 없는 인간'인 것이다.

돈이 최고라고 여기는 사람은 결국은 망한다.

진짜 성공한 사람은 '세상은 돈이 전부가 아니다'라는 생각을 반드시 갖고 있다. 나머지 대다수의 사람들 역시 똑같은 생각을 한다. 그럼에도 불구하고 왜 누구는 돈을 벌고 누구는 그렇지 못하는 것일까? 표면의식은 똑같아도 잠재의식이 전혀 다르기 때문이다.

'세상은 돈이 전부가 아니다'라는 표면의식의 밑바닥에는 다음 네 가지 유형의 잠재의식이 깔려 있다.

▶ 나쁜 짓을 하지 않으면 큰돈을 벌 수 없다

이는 큰돈을 벌어본 경험이 없는 공격적인 성향의 사람들에게 흔한 잠재의식이다. 그들은 한 번도 큰돈을 벌어본 일이 없어 뇌에 '큰돈은 벌 수 없는 것'이라는 조건화가 이루어져 있다. 심지어 돈을 못 버는 자신을 정당화하기 위해 무의식중에 '부자들은 모두 나쁜 놈'이라는 생각을 가지고 있다. 하지만 그들 또한 돈을 벌고 싶은 욕심은 있기 때문에 돈을 못 버는 현실에 대해 강한 불평불만을 품고 있다.

▶ 나에게는 돈보다 더 가치 있는 것이 있다

큰돈을 번 적이 없고 조화를 추구하는 성격을 지닌 사람들이 이런 잠재의식을 갖고 있다. 뇌에 큰돈은 벌 수 없다는 조건화가 이루어져 부자 되기를 벌써 포기한 상태다. '돈보다 더 가치 있는 것'이란 이런 자신을 정당화하기 위한 대체물이다. 취미에 몰입하거나 연애에 목숨 걸거나 쓸데없이 돈을 낭비하는 일 등이 여기에 속한다. 본디 대체물로 시작되었기 때문에 취미생활이나 연애사업도 큰 열매를 맺지는 못한다.

▶ 세상에는 돈벌이보다 더 중요한 일이 있다

돈을 번 경험은 있지만, 탈진할 대로 탈진해 지금은 완전히 포기한 사람들이 흔히 갖는 잠재의식이다. 이들은 실패나 포기를 스스로에게 납득시키고 자신을 합리화하는 방편으로 가치관 바꿔치기를 선택한다. 이런 사람들은 가난은 견딜 수 있지만, 자신의 존재가치를 못 느끼는 상태는 견딜 수 없다. 자원봉사나 지역사회활동에 열을 올릴지라도 그것이 대상행동(代償行動, 자신이 요구하는 바를 얻지 못할 때 그와 비슷한 다른 대상으로 만족을 채우려는 행위)이라면 마음 한구석이 허전함은 어쩔 수 없다.

▶ 돈보다 소중한 가치를 실현하기 위해서는 돈이 필요하다

이는 큰돈을 번 적이 있고 지금도 큰돈을 벌고 있는 사람들의 잠재의식이다. 대다수의 다른 사람들과 마찬가지로 '세상은 돈이 전부가 아니다'라는 생각을 갖고 있어도 뇌의 조건화가 전혀 다르다. 이들에게 돈은 하나의 수단이다. 사회에서 꿈을 실현하고 이상을 현실화하기 위해 돈이라는 훌륭한 수단이 존재한다는 사실을 체험적으로 알고 있다.

 돈이 있고, 돈 이상의 가치를 추구하는 사람은 돈을 끌어당긴다.

세상에는 분명히 돈보다 소중한 가치가 있다. 이러한 사실을 진정으로 이해하고 있는 사람은 이제껏 큰돈을 벌었고 지금도 계속 벌고 있는 사람뿐이다. 차차 그 이유를 알게 되겠지만, 돈이 있는 데다 돈 이상의 가치를 추구하는 사람에게는 자연히 더욱 많은 돈이 모이게 되어 있다. 때문에 풍요로운 사람은 점점 더 풍요로워지고 가난한 사람은 갈수록 더 가난해져간다.

적은 노력으로 부자가 되는 방법

E씨가 벤처기업을 창업한 것은 20여 년 전 일이다. 당시 초라하고 비좁은 E씨의 사무실 한쪽 벽에는 산봉우리를 담은 근사한 그림이 한 장 걸려 있었다. 저무는 태양빛이 산 정상을 찬란히 비추고 있는 그림이었다.

훗날 E씨는 그림에 담긴 산봉우리의 모습처럼 정상에 이르게 되었다. 비좁은 사무실에서 출발한 그의 회사는 동종 업계 최고의 기업으로 성장했고, 지금 그는 여러 개의 자회사를 거느린 대기업의 그룹 총수로 서 있다.

그가 20년 전부터 오늘까지 잊지 않고 지키는 자신과의 약속이 있다. 지갑에서 돈을 꺼낼 때마다 마음속으로 반드시 '감사합니다'라고 말하는 것이다. 그는 여기에 '지금 나가는 이 돈은 나중에 더 많은 돈으로 되돌아 올 것'이라는 주문을 덧붙였다.

E씨는 지난 20년 동안 자신이 큰 부를 이룩할 수 있었던 이유가 돈을 쓸 때마다 그처럼 감사의 주문을 외웠기 때문이라고 여긴다.

> 🙂 돈을 소중히 다루는 사람은 틀림없이 부자가 된다.
> ☹ 돈을 함부로 다루고 돈에 감사하지 않는 사람은 절대 부자가 될 수 없다.

세상에는 소중히 여기고 다루어야 할 돈을 웬일인지 함부로 하는 사람이 적지 않다. 꾸깃꾸깃 구겨진 지폐를 되는대로 주머니에 쑤셔박고 다니거나 동전을 떨어뜨려도 줍지 않는 사람. 친구한테 돈을 빌려 쓰고도 도무지 갚을 생각조차 안 하는 사람. 내가 점쟁이는 아니지만, 이런 사람들은 절대 부자가 될 수 없는 운명이다.

돈을 소중히 하지 않는 사람은 돈에 대한 불쾌한 인식이 잠재의식에 자리 잡고 있다. 그들에게는 돈에 대한 애정도, 감사하는 마음도 없다. 당연히 돈 쪽에서도 그들을 좋아할 리 없어, 마치 살아 있는 생물처럼 그들로부터 점점 멀어진다. 동물들이 지니는 텔레파시를 돈도 갖고 있지는 않나 싶을 정도로 돈을 싫어하는 사람한테는 정말이지 돈이 붙지 않는다.

걸핏하면 '편하게 돈 벌고 싶다'고 말하는 사람들이 있다. 물론

방 안에서 하릴없이 뒹굴면서 돈을 버는 방법은 어디에도 없다. 그러나 큰 노력을 하지 않고 부자가 되는 방법은 있다. 감사하는 것. 두 손 모아 신에게 기도하고 감사하듯 매일같이 돈에 감사하는 것이다.

'감사'나 '기도'라는 말에 콧방귀를 뀌는 사람도 적지 않으리라. 하지만 꼭 그렇게 콧방귀를 뀔 일만은 아니다. 세계에는 다양한 문화가 존재하지만, 감사의 마음을 소중히 여기지 않는 문화는 어디에도 없다. 왜일까? 감사는 사람의 뇌를 유쾌하게 만들어 행복을 빚어내는 가장 효과적인 방법이기 때문이다.

 감사하는 사람이 승리한다.

먼저 감사한 사람이 이긴다. 감사는 뇌를 유쾌한 상태로 만들어 행운을 불러들이는 최고의 비결이다. 따라서 돈이든 업무든 직장이든 혹은 아내와 자식, 부모이든 당신을 둘러싼 그 모두에 대해서 먼저 감사하라고 말하고 싶다. '고맙습니다', '감사합니다', '당신 덕분이에요'라고 마음속으로라도 먼저 중얼거린 사람 쪽이 이긴다.

감사를 표현하는 일이 쑥스러운 사람은 감사하는 시늉이라도 하라. 진정이 아니어도 좋다. 사람의 마음이란 참 신기해서 설사 거짓말이라 해도 자꾸 하다보면 정말로 감사하는 기분이 생긴다.

'1만 원짜리나 5,000원짜리 지폐에 무엇이 그려져 있는지 알고 있습니까?' 길 가는 사람 100명에게 이렇게 물으면 의외로 얼른 입을 떼지 못하고 허둥대는 사람이 많다. 좋아하는 타입의 이성이라면 보지 말라고 악을 써도 머리 모양이나 옷차림에 자연스레 시선이 갈 텐데, 지폐에 무엇이 그려져 있는지도 모른다는 것은 그만큼 돈에 대해 관심이 없다는 증거가 아닐까?

지금 당장이라도 지갑을 열어 소중한 돈의 얼굴을 들여다보라. 애정 어린 눈길로, 감사하는 마음으로. 그리고 이렇게 주문을 외우라. '감사합니다.' 부자로 가는 첫걸음이다.

근사한 미래는
공짜로 실현되지 않는다

돈을 펑펑 쓰는 것을 멋으로 아는 사람들이 있다. 그들은 내일을 위해, 먼 장래를 위해 아껴 쓰고 저축하는 일을 쩨쩨하고 촌스러운 짓이라고 치부한다. 그러나 괜한 겉멋에 물 쓰듯 돈을 써대다가는 눈 깜짝할 사이에 카드빚에 시달리는 처량한 신세로 전락하기 딱 좋다.

사람은 누구나 자신의 미래를 자유롭게 그릴 수 있다. 상상은 공짜이기 때문에 각자가 원하는 대로 얼마든지 근사한 미래를 꿈꿀 수 있다. 하지만 상상 속의 근사한 미래는 공짜로 실현되지 않는다. 자신이 꿈꾸는 미래를 현실화하고 목표를 쟁취하기 위해서는 돈이라는 날개가 절대적으로 필요하다.

요컨대 돈이 없다는 것은 단순히 돈 자체가 없는, 지금 당장 통장의 잔고가 바닥나 있는 상태를 말하는 것이 아니다. 그것은 자신의 소망을 실현할 수 없고, 자신이 꿈꾸고 원하는 대로의 삶을 누릴 수 없음을 뜻한다. 당연한 말처럼 들리지만, 이 같은 사실을 분명히 자각하고 의식하며 살아가는 사람은 그리 많지 않다.

예를 들어 저축하는 습관이 있는 사람과 낭비벽이 있는 사람을 비교해보자. 둘 사이에는 다음과 같은 엄청난 차이가 있다. 그러나 이러한 사실을 알고 있는 사람이 과연 몇이나 될까.

낭비벽이 있는 사람은,

- 중요한 시기에 돈이 부족해 운을 놓친다.
- 중요한 시기에 타협해 상대방의 페이스에 말려든다.
- 중요한 시기에 주위 사람이 도와주지 않는다.
- 머지않아 아예 중요한 시기 자체가 없게 된다.
- 머지않아 자신이 운이 없는 사람임을 깨닫게 된다.

이에 반해 저축하는 습관이 있는 사람은,

- 중요한 시기에 돈이 용기를 준다.
- 중요한 시기에 돈이 마음을 편안하게 해준다.
- 중요한 시기에 주위 사람들이 도와준다.

- 돈이 자신감과 용기를 선물해 운을 자기 것으로 만든다.

돈이 없는 사람은 결정적인 순간에 돈에 대한 불안으로 운을 놓친다. 좋은 사업거리가 들어와도 비축해둔 돈이 없으면 결단을 못 내리고 주저하다가 모처럼 찾아온 절호의 기회를 아깝게 날려버린다.

부자가 되기 위한 세 가지 능력

앞서 운을 바꿔 성공하기 위한 기본적인 두 가지 방법을 소개한 바 있다. '자신이 어떤 존재인지를 깨닫는다', '성공한 사람의 흉내를 낸다.'

돈에 운이 있는 사람이 되기 위한 방법도 이와 똑같다. 그저 막연히 '부자가 되고 싶다'는 생각만으로는 아무것도 변하지 않는다. 우선 부자들의 공통점을 분석해 자신에게는 무엇이 부족한지를 제대로 파악할 필요가 있다.

돈이 따르는 사람은 다음 세 가지 능력을 반드시 지니고 있다.

- 돈을 버는 능력
- 돈을 모으는 능력

● 돈을 쓰는 능력

이 세 가지 능력을 균형 있게 골고루 지닌 사람은 틀림없이 부자가 된다. 돈을 버는 능력과 모으는 능력이 있으면 당연히 돈은 불어난다. 하지만 이 두 능력이 부족하면 돈이 불기는커녕 그저 하루하루 연명하기도 벅차다.

한편 돈을 모으는 능력이 뛰어나면 버는 능력이 조금 떨어져도 확실히 돈은 불어난다. 그리고 돈을 버는 능력과 모으는 능력에 쓰는 능력까지 3박자를 다 갖춘 사람은 벌어 모은 돈을 적시에 투자해 더욱 큰돈으로 불릴 수 있다.

> ☹ 경마장에서 '다크호스'를 노려 대박을 기대하는 이는 돈에 운이 없는 사람이다.
> ☺ 돈에 운이 있는 사람은 '가장 인기 있는 말'을 노려 확실하게 돈을 챙긴다.

경마장에서 푼돈으로 다크호스를 노리는 사람은 대체로 돈에 운이 없다. 설사 도박으로 큰돈을 번다 해도 금방 날리기 십상이다. 돈에 운이 있는 사람은 확실하게 이길 수 있는 말에 많은 돈을 건다.

세상에는 돈을 버는 능력도 모으는 능력도 없는 처지에 쓰는 능력만 뛰어난 사람도 있다. 게다가 우리는 돈이 없어도 돈을 쓸 수 있는 이상한 시대에 살고 있다. 신용카드라고 하는 현대판 '요술 방망이' 덕분이다.

돈을 쓰는 능력만 뛰어난 사람이 신용카드의 요술에 걸려들면 단숨에 빚지옥에 빠지고 만다. 자기도 모르는 사이에 돈을 쓰기 위해 빌리는 것이 아니라 빚을 갚기 위해 빌리는 상황으로 몰려 결국은 파산으로 직행한다.

과소비 그만하라는 둥 돈 좀 아껴 쓰라는 둥, 가족이 아무리 잔소리를 하고 말려도 그에게는 소귀에 경 읽기다. '과소비는 금물'이라는 사실은 누구보다도 본인이 잘 알고 있다. 하지만 그의 뇌에는 돈 쓰는 일의 쾌감만이 조건화되어 돈을 벌거나 모으는 일에 대해서는 뇌가 벌써 불쾌해한다. 그러니 본인도 어쩔 도리가 없다. 편도핵의 데이터를 바꾸지 않고는 고칠 방법이 없는 뇌의 질병인 것이다.

그렇다면 어떻게 해야 돈을 쓰는 능력만 뛰어난 사람을 구제할 수 있을까? 바꿔 말해 돈을 버는 능력과 모으는 능력을 다 같이 높이는 방법은 무엇일까?

사실 부자들이 반드시 갖고 있는 돈에 관한 세 가지 공통된 능력은 다음과 같은 몇몇 보조능력들로 이루어져 있다.

- 돈을 버는 능력 : 소망 · 도전정신 · 실천력

- 돈을 모으는 능력 : 절약 · 계획성 · 분석력 · 자기관리

- 돈을 쓰는 능력 : 명랑함 · 결단력 · 용기 · 경험

이쯤 되면 돈에 운이 있는 사람이 되기 위해 구체적으로 무엇이 필요한지 보다 분명히 이해할 수 있을 것이다.

누가 돈 버는 기회를 잡을까?

　돈이란 정말 신기한 물건이다. 돈이 있는 곳에는 돈을 더 벌 수 있는 기회가 자꾸자꾸 찾아온다. 게다가 돈에 운이 있는 사람들만 모여든다. 반대로 돈이 없는 사람한테는 돈을 벌 수 있는 기회가 절대 안 온다. 오는 것은 돈을 더 잃게 만드는 기회요, 돈에 대한 운을 더욱더 멀어지게 하는 사람들뿐이다. 그 대표적인 예가 불법적인 다단계판매이다.

　분명히 말하지만, 불법적인 다단계판매에 열중하는 사람은 하나같이 돈이 없는 사람들이다. 냉정하고 논리적인 시각에서 볼 때, 불법적인 다단계판매란 결코 돈을 벌 수 없는 시스템이기 때문이다. 그럼에도 돈이 없는 사람들은 돈이 없기 때문에 혹은 돈을 벌 기회가 좀처럼 오지 않기 때문에 금방 많은 돈을 벌 수 있다는 말에 현혹되어 배고픈 물고기가 낚싯밥을 물 듯 거기에 걸려든다.

🙂 돈이 많은 사람한테는 돈을 더 벌 수 있는 기회가 온다.
☹ 돈이 없는 사람한테는 얼핏 보아 돈을 벌 수 있을 것 같은 기회가 온다.

따라서 중요한 것은 절약하는 일이요, 꾸준히 돈을 모으는 일이다. 우선 작은 부자가 되는 것이 돈에 운이 있는 사람이 되는 첫번째 단계이다. 아끼고 절약해 조금이라도 저축함으로써 돈에 대한 운을 서서히 붙여가는 것. 이것이 바로 큰 부자로 가는 지름길이다.

이쯤에서 '절약, 절약이라……'라고 떨떠름해한 사람은 주의하시라. 틀림없이 저축하는 일에 대해 편도핵이 불쾌감을 느끼는 사람이라는 증거다.

홑바지에 방귀 뀐 듯 사라져버리는 푼돈에 비하면 꾸준히 저축해 모은 돈의 파워는 굉장하다. 1,000만 원이 모이면 우리의 뇌는 모인 돈의 세 배인 3,000만 원 정도를 거뜬히 상상할 수 있게 된다. 5,000만 원을 모은 사람은 무의식중에 1억 5,000만 원을 생각하기 시작한다. 자신이 현재 가진 만큼 소망의 그릇, 사고의 그릇이 커지는 것이다.

1억 원을 모은 사람은 3억 원 정도는 쉽게 꿈꾼다. 5억 원을 모은 사람은 가진 돈이 5억 원이 전부임에도 '15억 원이 있으면 이러저러한 것을 할 수 있겠지'라고 벌써부터 세 배 정도 큰 돈을 생각한다.

그런데 모은 돈이 10억 원을 넘으면 상상할 수 있는 액수가 세 배가 아니라 다섯 배로 뛴다. 10억 원이 있으면 그 10억 원을 어떻게 해서 50억 원으로 불릴까를 궁리한다. 싫어도 생각이 그쪽으로 가게 되어 있다. 100억 원을 모은 사람은 자기도 모르는 사이에 500억 원을 꿈꾼다. 요컨대 모인 돈이 어느 정도 수준에 이르면 누구든 긍정적인 사고와 긍정적인 이미지, 긍정적인 감정을 가지고 가슴 두근거리며 그것을 세 배, 다섯 배로 늘릴 방법을 찾게 되는 것이다.

돈이 있다는 것은 두말할 필요도 없이 뇌에 기분 좋은 느낌을 준다. 때문에 일단은 운용할 수 있는 정도의 자산을 모으는 일이 무엇보다 중요하다. 순진한 소리라고 코웃음 칠지 모르지만, 저축은 돈벌이의 기본이다. 그것도 공짜로 할 수 있는 돈벌이인 것이다. 만일 당신이 20대라면 30세 전까지 5,000만 원을 목표로 저축하라. 돈에 대해 기분 좋은 감정을 가진 당신의 뇌 덕분에 40대가 되기 전에 그 돈을 몇 배로 불릴 수 있다.

돈을 모으는 단순한 비결

당연히 돈은 없는 것보다 있는 편이 좋다. 하지만 우리는 대체로 어린 시절부터 가정이나 학교에서 '돈은 불결하다', '돈이 전부가 아니다'라는 소리를 듣고 자란다. 이 같은 환경에서는 돈에 대한 관념이 올바로 잡힐 리가 없다. 학교를 졸업하고 사회에 첫발을 내딛으면서 이런저런 인생의 계획을 세우는 젊은이가 많지만, 개중에 억만장자를 꿈꾸는 샐러리맨은 거의 없다. 샐러리맨은 억만장자가 될 수 없다는 생각이 이미 잠재의식 깊숙이 뿌리내리고 있는 것이다.

돈을 모으려면 몇 살까지 얼마를 모으겠다는 식으로 구체적인 목표를 설정해야 한다. 그저 막연하게 '부자가 되고 싶다'는 꿈 따위는 아예 꾸지 않는 편이 낫다. 꿈을 실현하지 못했다는 불쾌한 기억데이터만 편도핵에 하나 더 보태질 뿐이다. 꿈은 명확한 목표로서 설정되어야만 비로소 높은 동기부여가 이루어져 자신의 잠재력을 끌어내는 힘으로 작용한다. 목표하는 곳으로 자석처럼 우리를 이끌어가는 강한 에너지가 되는 것이다.

부자가 되려면 언제까지 1억 원을 모을 수 있느냐가 하나의 갈림길이 될 것이다. 왜냐하면 모은 돈이 일단 1억 원을 넘어가면 돈에 대한 지성이 갑자기 높아지면서, 손에 든 1억 원을 어떻게 하면 제대로 불릴 수 있을지 그 방법을 모색하는 쪽으로 뇌가 움직이기 때문이다. 특히 한 살이라도 젊은 나이에 1억 원을 모으는 것이 중요하다. 20대에 절약해 최대한 많은 돈을 모을 수 있다면 금상첨화다.

20대와 달리 3,40대가 되면 여러 가지로 경쟁이 심해지면서 돈을 모으기가 점점 어려워진다. 20대까지 실컷 폼을 잡고 살던 사람들도 이 나이대에 이르면 이래저래 책임질 일이 많다. 보통 3,40대에는 결혼해서 아이들이 생기고, 당연히 여기저기 씀씀이도 많아진다. 돈을 불리고 싶어도 당장 먹고살기 바빠 자산운용이나 투자에 눈을 돌릴 여유가 없다.

숨 막히게 빠빠한 이 생활이 다소 풀리는 시기는 대체로 50대 이후일 것이다. 따라서 대부분의 사람들은 사회적 위치가 어느 정도 안정되고 아이들도 다 자라 생활에 여유가 생기는 5,60대에 이르러서야 비로소 자산운용이나 투자를 고려하게 된다. 하지만 이미 눈앞에 닥친 노후생활을 생각하면 역시 투자를 주저할 수밖에 없다.

결론적으로 말해서 젊은 20대에 운용할 만한 자산을 비축하지 못하면 평생을 '월급'이라는 테두리 안에서 심리적, 물질적으로 쪼들릴 수밖에 없는 재미없는 인생을 살아야 한다는 얘기다.

한편 20대에 넉넉한 종자돈을 모은 사람은 30대에 이미 돈을 불릴 방법을 모색한다. 종자돈이 모이면 무의식중에 뇌라고 하는 슈퍼컴퓨터가 이를 어떻게 제대로 운용할지를 구체적으로 생각하기 시작하는 것이다. 열심히 놀던 사람들이 저축의 필요성을 심각하게 느낄 무렵이면 그는 벌써 자산운용을 시작한 후이다. 그래서 종자돈을 굴려 불린 돈으로 집을 사고 차를 산다.

3,000만 원짜리 차를 살 때 돈이 없는 사람은 할부로 계산해 비싼 이자까지 지불한다. 그러나 돈이 있는 사람은 단번에 현금으로 산다. 이 차이는 결코 만만한 것이 아니다.

이처럼 '돈을 모으는 비결'은 특별하지 않다. 요약하면 다음과 같다.

● 계획을 세운다 : 언제까지 얼마를 모으겠다는 식으로 목표설정을 구체적으로 한다.

• 안 쓴다 : 돈을 모으는 최고의 비법은 안 쓰는 것이다. 착실하게 저축하면 돈은 늘어날 수밖에 없다.

• 낭비하지 않는다 : 갖고 싶은 물건 중 7,80퍼센트는 필요 없는 것들이다. 돈을 소중히 여기지 않으면 결코 모을 수 없다.

• 현명하게 쓴다 : 자산가치가 있는 것에는 이자를 지불하되 그렇지 않은 것은 현금으로 산다. 일단 모은 1억 원은 사실상 1억 원 이상의 가치를 지닌다. 돈을 쓸 때는 자산가치, 지식, 인맥 등을 확보하는 데 쓰자.

• 불리는 방법을 배운다 : 1억 원을 모으면 2억 원은 쉽게 모을 수 있다. 일단 돈을 모으고 나서 불리는 방법을 생각하는 것이 중요하다. 벼락부자를 바라지 말고 꾸준히 모아 작은 부자가 되는 것을 목표로 하자.

여기서 이야기한 '돈에 대한 운을 만드는 방법'은 최소한의 것이지만, 하나하나 실천해 옮긴다면 싫어도 운이 따를 것이다. 부자가 되고 싶지 않아도 틀림없이 부자가 되어버린다는 얘기다.

하지만 부자가 되는 데서 끝은 아니다. 보다 중요한 문제는 번 돈으로 '어떤 꿈'을 실현해가느냐이다. 우리의 잠재의식 깊숙이 뿌리박고 있는 '돈은 불결하다'는 착오. 그 오류에 지지 않으려면 가능한 한 훌륭한 꿈, 최고의 꿈을 가지는 것이 중요하다.

Part
5

관계가 꼬인다?
나는 매력적인 사람이 된다

성공과 행복은 수레의 두 바퀴

이혼을 요구하는 아내가 늘고 있다고 한다. 젊은 부부들 이야기가 아니다. 나이 지긋한 사람들 이야기로, 오랜 세월 생의 동반자로 살아온 아내로부터 하루아침에 황혼이혼을 요구당하는 남편이 많아지고 있는 모양이다. 아닌 게 아니라, 최근 내 주변에서도 '황혼이혼 사건'이 있었다.

G씨와는 오랫동안 알고 지내는 사이인데, 어느 날 상담을 하고 싶다는 연락이 왔다. 그는 나이 55세에, 500명이 넘는 종업원을 거느린 회사의 사장이다. 맨주먹으로 일어서 자기 손으로 작지 않은 규모의 기업을 일군 그는 지금도 경영 제일선에서 바쁘게 일하고 있다. 꽤 이름 있는 외제차 세 대와 크루저 외에 별장도 두 채나 갖고 있으니, 세간의 말을 빌리자면 성공한 사람이다. 가

정적으로도 5,6세 연하의 아름다운 아내와 2남 1녀를 두고 있어 남자라면 누구라도 부러워할 만한 유복하고 이상적인 가정의 가장이다. 그런 그가 얼마 전 아내로부터 헤어지고 싶다는 폭탄선언을 듣고 어떻게 해야 할지 몰라 고민이라는 것이었다.

이혼을 원했다면 아내 쪽에서는 무엇 하나 부족할 것 없는 생활을 버릴 각오라는 이야기다. 대단한 결심이다. 브레인트레이닝에서 하는 식으로 말하면, 남편에 대해 그녀의 편도핵이 불쾌감을 느껴 '남편' 하면 온통 부정적인 이미지, 부정적인 감정으로밖에는 생각하지 않는 뇌가 되어버렸다고 할 것이다.

자녀들이 다 자라 홀로서기를 하면 대부분의 여성은 심리적 공황상태에 빠진다. G씨 부부의 경우도 세 자녀 가운데 두 아들은 벌써 사회인이 되어 독립했고 막내인 딸도 얼마 전에 시집을 갔다.

G씨 아내와 같은 세대의 여성들에게 흔히 닥치는 위기는 이른바 '빈둥지증후군(空巢症候群, empty nest syndrome, 중년의 주부가 자기정체성 상실을 느끼는 심리적 현상)'이다. 현모양처형 여성일수록 자녀가 홀로서기를 한 후에 강한 고독감을 느끼며, 자신의 존재가치나 사는 보람을 상실하고 외로움에 빠져든다. 남편도 예전만큼 매력적으로 보이지 않는다. 남편은 일에 열중하고 아내는 모든 애정을 자녀에게 쏟아붓는 세월을 30여 년 살고 난 뒤에는 서로를 절실히 바라봐도 이제 더 이상 편도핵은 유쾌해지지 않는

다. 오히려 불쾌감만 느끼는 대상으로 전락해가기 십상이다.

"니시다 씨는 어떤가요?"

거의 같은 세대인 G씨의 물음에 나는 가슴을 펴며 대답했다.

"괜찮습니다. 자신 있어요."

이는 결코 자만이 아니다. 나는 나이 들어 황혼이혼을 당하는 일이 없도록 오랜 세월 남몰래 노력해왔다. 아내의 편도핵이 유쾌함에 빠져들도록 할 수 있는 모든 일을 다 해왔다. 종종 꽃을 사 들고 귀가했고, 틈틈이 칭찬하는 일을 잊지 않았으며, '고맙다'는 말을 매일같이 했다.

왜냐하면 운에는 다음과 같은 원칙이 있기 때문이다.

😊 운이 좋은 남자는 거짓말을 해서라도 여자를 행복하게 만든다.

☹️ 운이 없는 남자는 상대의 마음을 보지 않기 때문에 거짓말도 못 한다.

G씨를 '운이 없는 남자'로 몰아붙이려는 것이 아니다. 그는 확실히 세상에서 1%에 해당하는 성공한 사람이요, '능력 있는 남자'다.

여태까지 우리 사회에서는 '사회적 성공'이라는 잣대만으로 남자의 가치를 따져왔다. 밤이건 낮이건 가족의 얼굴조차 볼 틈 없이 바쁘게 일해야만 능력 있는 남자라고 치부했다. 실제로 몇 년 전까지만 해도 성공한 사람 중에는 그런 유형이 적지 않았다. 그러나 이제는 성공한 사람, 능력 있는 남자의 이미지도 달라지고 있다.

지금은 G씨처럼 가족에게 물질적인 행복을 제공하는 것만으로는 부족하다. 진짜 성공한 사람이라면 정신적인 행복도 함께 제공해야 한다.

이는 우리 사회가 생산형에서 소비형 사회로 변모한 일과 무관하지 않다. 왜냐하면 소비형 사회에서는 하드웨어가 아니라 소프트웨어가 경제의 열쇠를 쥐고 있기 때문이다. 자동차를 예로 들면 차의 성능 못지않게 디자인이나 광고의 완성도 혹은 거기에 나오는 모델에 대한 호감도가, 다시 말해 소비자의 감성이 물건이나 돈의 흐름을 좌우하는 것이다.

소비사회에서 비즈니스맨이 타깃으로 삼아야 하는 것은 사람들의 마음이요, 더 엄밀히 말하자면 '유쾌한가 불쾌한', '좋고 싫음'을 판정하는 직경 15mm의 편도핵이다. 요컨대 우리는 지금 아내를 행복하게 하는 능력과 사회에서 성공하는 능력이 다르지 않은 소비사회에서 살고 있는 것이다.

단숨에 운을 바꾸는 파트너의 힘

진짜로 운이 좋은 남자는 운을 가져다주는 여자와 사귀고 결혼한다. 혼다 소이치로의 평생 동지 후지사와 다케오는 소이치로를 처음 봤을 때 '별 볼일 없는 이상한 사람'으로 여겼다고 한다. 그런데 소이치로의 아내를 만나본 뒤 그의 생각이 바뀌었다. '이렇게 훌륭한 여자가 선택한 남자라면 분명히 대단한 사람'이리라는 확신이 들었다는 것이다. 이때의 운명적인 만남이 없었더라면 오늘날의 혼다는 탄생하지 않았을 수도 있다.

아직 미혼이라면 '행운이 느껴지는 여자(남자)'를 결혼상대로 선택하라는 이야기이다.

나는 20대 후반에 다니던 회사를 그만두고 독자적인 사업을 구상했다. 당시는 심리적 트레이닝을 받은 독일이나 미국의 육상선수들이 올림픽에서 그 효과를 증명하기 시작하던 무렵이었다. 마음의 자세가 인간의 능력에 직접적으로 영향을 미친다는 사실은 놀라움 그 자체였다. 그래서 나는 인간의 능력개발연구에 평생을 바치기로 결심했다. 물론 거기에는 사업적인 기회도 있었다. 멘탈 트레이닝은 그때까지만 해도 일본에서는 누구도 전문적으로 연구한 적이 없는 새로운 분야였던 것이다.

그러나 불모지나 마찬가지인 생소한 분야에 평생을 걸고 뛰어들려 하자 주변 사람 모두가 반대하고 나섰다. 그 와중에 딱 한 사람 예외가 있었다. 바로 나의 아내였다.

 '행운이 느껴지는 여자(남자)'는 남자(여자)에게 성공 예감을 품게 만든다.

1,2년 동안은 땡전 한 푼 못 벌 것이라는 내 고백에 아내는 '성공할 수 있을 것 같으냐'고 물었다. 내가 '할 수 있다'고 대답하자 그녀는 너무도 쉽게 이렇게 말하는 것이었다.

"그럼, 한번 해보세요!"

이 한마디에 그때까지 내 목을 죄던 불안감이 단숨에 날아가버렸다. 시원스런 아내의 한마디에 편도핵이 거짓말처럼 유쾌하게 변해 비로소 나의 뇌에 성공의 예감이 생겨났던 것이다.

사랑을 하면 왜 1분 1초라도 함께 하고 싶을까?

왜 이성을 좋아하게 되면 그와 1분 1초라도 더 함께 있고 싶어지는 것일까? 세상에는 하고많은 이성이 있는데, 왜 하필 단 한 명의 상대와 만나 결혼이라고 하는 터무니없는 짓을 저질러버리는 것일까?

우리가 결혼을 하는 데는 혼자보다 둘이 사는 편이 생활비가 적게 든다는 절실한 동기를 포함해 이런저런 이유가 있을 것이다. 하지만 가장 근본적인 이유는 다름 아닌 '분리불안'에 있다.

인간이라는 동물은 혼자서는 살아갈 수 없다. 여기서 혼자라는 말은 단순히 수적인 의미가 아니다. 정신적으로 타인과 연결되지 않은 상태를 뜻하는 '혼자'다.

'혼자'가 되면 인간의 마음에는 분리불안이 고개를 쳐들기 시작한다. 분리불안의 원형은 어린아이가 어머니와 떨어졌을 때 안게 되는 불안이다. 이 불안이 솟구치면 편도핵은 곧바로 불쾌하게 바뀐다. 어머니의 보호라는 안전장치를 잃어버리는 것은 아이의 입장에서 볼 때 엄청난 위기이다. 어머니와 떨어져 혼자가 된 아이는 무시무시한 불안과 공포 속에서 죽을 듯한 두려움에 떨며 스스로를 지키지 않으면 안 된다.

  똑같은 일이 어른한테도 일어난다. 다 큰 어른도 '혼자'가 되면 무의식적인 불안과 공포를 느끼며 저도 모르게 자기방어본능을 발동시킨다. '혼자'인 상태에서는 '~하지 않게'라는 식의 수비태세를 취하게 되고 부정적인 사고와 부정적인 이미지, 부정적인 감정만 잇따라 생겨나 도전정신과 적극성은 아예 사라져버린다.

  이러한 분리불안은 심각한 스트레스를 초래한다. 대부분의 정신병과 신경증에는 고독 혹은 고립이라는 배경이 숨어 있다.

  갓난아기 중에는 안거나 어르거나 하는 스킨십이 전혀 없으면 난 지 얼마 안 돼 숨을 거두는 경우도 있다. 이쯤 되면 분리불안이 야기하는 스트레스가 얼마나 큰지 짐작하고도 남을 것이다.

  (x x) 외톨이는 위험하다.

인간은 분리불안을 피하고 편도핵을 유쾌한 상태로 만들고자 결혼을 해서 가정을 꾸민다. '가난할 때나 부자일 때나 서로 사랑하고 도와가며……'라는 맹세까지도 주저 없이 한다. 여기까지는 좋다. 하지만 일단 결혼을 하고 나면 거기에 안주해 상대방의 편도핵을 유쾌하게 만들려는 노력을 게을리 하는 사람이 얼마나 많은가. 특히 일을 핑계 삼아 가정을 돌보지 않는 남자가 얼마나 많은가 말이다.

우리 사회는 이미 본격적인 경쟁사회로 접어들었다. 되풀이 말하지만, 지금은 개인마다 인생의 목표의식을 명확하게 가지고 지속적으로 동기부여를 하지 않으면 성공은커녕 살아남을 수조차 없는 시대다. 게다가 앞으로는 어떤 분야에서든 치열한 생존경쟁이 더욱더 가속화될 것이다. 당연히 사람들이 거느리는 분리불안도 지금과는 비교도 안 될 만큼 커질 수밖에 없다. 바로 여기에 우리가 가정을 한층 더 소중히 여겨야 하는 이유가 있다. 살벌한 경쟁사회에서 싸우는 사람일수록 그만큼 큰 분리불안을 해소할 곳이 필요한 것이다.

아무리 능력이 뛰어나도 사람은 혼자서는 싸워나갈 수 없다. 분리불안으로 불쾌해진 편도핵의 소유자는 과도한 스트레스 속에서 스스로 파멸하게 마련이다.

연애의 비법

연애란 원래 편도핵의 착각이다. 이 원리만 알고 있으면 이른바 '폭탄족'이라 해도 얼마든지 이성에게 인기를 얻을 수 있다.

타깃은 상대방의 편도핵이다. 특히 여성은 남성에 비해 감성의 뇌인 우뇌가 민감하고 뛰어나다. 그 예민함에 호소하면 여성의 편도핵은 금방 유쾌한 상태로 변한다.

얼굴이 받쳐주지 않고 키가 작다고 고민하는가? TV에 등장하는 일부 개그맨들은 썩 잘 생긴 편이 아닌데도 얼마나 매력적인 신부와 결혼했는지 떠올려보자. 인간은 웃음을 선사하는 상대방에게 자신도 모르게 편도핵이 긍정적으로 반응한다.

머리가 나쁘다, 키가 작다, 다리가 짧다, 뚱뚱하다, 머리숱이 적다, 가방끈이 짧다, 혹은 가방끈이 너무 길다……. 이런 쓸데없는 열등감으로 스스로의 편도핵을 불쾌하게 만든다면 자신에게 운을 가져다줄 '행운이 느껴지는 여성'과는 절대 인연을 맺을 수 없다.

연애의 귀재가 되고 싶다면 연애에 성공한 사람들을 본받을 필요가 있다.

- ☺ 여자(남자)에게 인기 있는 남자(여자)는 이성의 호감을 얻기 위한 노력을 게을리 하지 않는다.
- ☹ 여자(남자)에게 인기 없는 남자(여자)일수록 아무 노력 없이 운명적인 만남을 기대한다.

여성에게 인기가 많은 남성은 세심하고 꼼꼼하다. 만나는 이성의 전화번호를 물어 질릴 만큼 끊임없이 전화한다. 전화하고, 메일을 보내고, 특별한 용건이 없어도 일부러 접근해 상대의 기억데이터에 자신에 대한 인상을 확실히 심어 남긴다. 부디 여기서 주의할 점은 스토커처럼 불쾌한 인상을 남겨서는 안 된다는 것이다.

어디까지나 상대를 기분 좋게 하려는 노력이 필요하다. 맛있는 음식을 함께 먹으러 다니고, 아낌없이 선물하고, '좋아해' 혹은 '사랑해'를 연발하고, 장점이건 결점이건 줄기차게 칭찬을 계속하면 상대방은 싫어도 기분이 좋아질 수밖에 없다.

무엇보다 여성의 편도핵을 가장 기분 좋게 만드는 것은 상냥함이다. 남자든 여자든 분리불안을 달래주는 사람한테는 저항할 수 없다.

여자들이 나쁜 남자의 유혹에 넘어가는 이유도 십중팔구는 상냥함에 반하기 때문이다. 부부도 마찬가지다. 좋은 부부관계를 몇십 년이라도 계속해서 이어가고 싶다면 남자는 좋은 의미에서 사기꾼이 되어야 한다.

연애감정이란 길어봤자 3년밖에 못 간다. 미국의 한 학자에 따르면 연애중인 사람은 페닐에틸아민(PEA)이라 불리는 호르몬의 분비량이 늘어나는데, 뇌하수체가 분비하는 페닐에틸아민의 양은 결혼 3년 정도가 지나면 급속히 줄어든다고 한다.

굳이 페닐에틸아민 이론을 들먹이지 않더라도 세상의 커플들을 보면 아무리 격렬한 연애감정도 3년에서 5년을 고비로 확실히 시들해진다. 두 사람의 편도핵이 애초의 '유쾌함'에서 점점 '불쾌함' 쪽으로 옮겨가는 것이다. 매일 함께 있으면 싸움도 한다. 처음에는 보지 않고 보이지 않던 결점들도 하나 둘 눈에 띄어 신경을 건드린다. 이러한 데이터가 차곡차곡 쌓이면 편도핵의 반응에도 서서히 변화가 온다.

나와 아내의 사이도 예외는 아니었다. 언젠가 문득 나는 예전과 달리 일을 마치고 곧바로 귀가하는 대신 술집에 들르는 날이 많아졌다는 사실을 깨달았다. '전에는 일이 끝나기 무섭게 집으로 달려갔는데, 왜일까?' 생각 끝에 내린 결론은 집에 돌아가 아내의 얼굴을 보는 일이 예전만큼 즐겁지 않다는 것이었다.

나는 아내도 나와 비슷하리라 생각했다. 내가 아내의 입장을 헤아리는 것은 인격적으로 뛰어나서가 아니라 운의 본질을 이해하고 있기 때문이다. 분명 아내 쪽에서도 나를 보는 일이 전처럼 유쾌하지만은 않을 것임에 틀림없다고 여겨졌다. 나는 그날 저녁 용기를 내서 결혼 후 처음으로 장미를 사들고 귀가했다. 그러고는 이후 한동안 장미 선물을 매일같이 계속했다.

일반적으로 여성의 우뇌는 남성보다 우수하다고 알려지는데, 시각적인 파악능력도 우뇌 쪽이 뛰어나다. 나는 정열적인 빨간 장미를 거의 하루도 빠짐없이 선물함으로써 아내의 슈퍼컴퓨터에 나의 애정을 줄기차게 입력해 그녀의 편도핵을 다시 유쾌하게 바꾸는 데 성공했다.

 거짓말도 계속 하다보면 머지않아 진짜가 된다.

우리의 슈퍼컴퓨터에는 진실이든 거짓이듯 입력된 이미지에 따라 그 이미지를 실현시키는 프로그램이 깔려 있다. 따라서 거짓말도 일종의 이미지트레이닝의 도구로 활용할 수 있다. 골프선수가 최고의 스윙을 상상하고 올림픽에 출전한 선수가 불안을 씻기 위해 시상대에 오른 자신의 모습을 상상하는 것도 사실은 거짓말을 이용한 이미지트레이닝의 한 형태다. 거짓말의 힘을 빌려 자신의 능력을 끌어내는 것이다. 한 번의 거짓말은 거짓말로 끝나지만 100번 반복한 거짓말은 어느새 진실이 된다.

상대에게도 자신에게도 그러한 선의의 거짓말마저 하고 싶지 않은 상황이라면 차라리 헤어지는 편이 낫다. 편도핵이 불쾌한 상태로 살아가봤자 서로에게 좋을 일은 절대로 없다.

분리불안을 달래주는 상대가 없다는 것은 불안에서 오는 스트레스가 계속 축적됨을 의미한다. 그렇게 되면 '~하지 않도록 해야지'라는 자기방어본능이 강해지는 만큼 도전정신이 약해지고 의욕과 기력이 떨어진다. 스스로를 믿을 수 없게 되고 작은 일에도 쉽게 좌절한다.

어린아이를 관찰해보면 이를 쉽게 이해할 수 있다. 부모의 애정을 믿고 있는 아이는 행동반경이 넓다. 분리불안이 없고 마음의 버팀목이 있기 때문에 늘 자신감이 넘치고 적극적이며 모험심이 강하다. 그래서 스스로의 세계를 착착 넓혀갈 수 있다. 그러나 부모의 애정에 확신을 가질 수 없는 아이는 분리불안 때문에 언제까지나 어머니에게 매달린다.

따라서 육아에 있어서도 편도핵이 유쾌해지는 요소를 가득 가진 아이, 다시 말해 운이 있는 아이로 키우는 일이 중요하다.

꿈과 소망을 가진 인간으로 키워라

100점을 목표로 열심히 공부해서 90점을 받은 경우와 공부를 전혀 하지 않은 채 오로지 찍어서 70점을 받은 경우 중 어느 쪽을 택할 것인가?

나라면 후자를 택한다. 물론 70점은 90점보다 20점이나 낮다. 하지만 전혀 공부를 하지 않았으니 0점을 받아도 불평할 수 없는 상황이고 보면 70점이나 받은 것은 대단한 일이다. 비용 대비 효과로 치면 엄청난 이득이다.

보다 중요한 사실은 당사자에게 이 70점은 '플러스 70점'이라는 점이다. 마찬가지로 100점을 노리고 열심히 공부해서 받은 90점은 그냥 90점이 아니라 '마이너스 10점'이다.

100점 만점을 목표로 공부하는 학생은 '얻은 90점'보다 '얻지 못한 10점'에 주목한다. 그래서 '이번에도 실패했다', '할 수 없었다'라는 데이터가 자꾸자꾸 축적돼 '할 수 없는' 뇌를 가진 어른으로 성장할 공산이 크다.

 운이 있는 사람은 70점을 얻으면 얻은 70점을 기뻐한다.
 운이 없는 사람은 90점을 얻어도 놓친 10점 때문에 기뻐하지 않는다.

70점에 만족하라거나 공부를 안 하는 편이 낫다는 뜻은 아니다. 역시 공부는 하지 않으면 안 된다. 다만, 일과 매한가지로 운이 없는 사람이 애써 공부해봤자 결과는 시원찮다는 얘기다.

하기 싫은 공부를 억지로 시키면 안 그래도 싫은 공부가 더욱 싫어지고 삶에 기쁨이 사라지면서 스트레스가 쌓인다. 지나치게 스트레스가 쌓이다보면 마음의 균형을 잃고 자신의 감정을 억제하지 못하게 될 수도 있다.

"제발 부탁이니 혼내가면서 억지로 공부 시키지 마세요."

학부모들을 대상으로 한 강연에서 내가 빼놓지 않고 강조하는 말이다.

"대신 즐겁고 신나게 공부하는 아이로 만들어주세요."

하지만 대부분의 부모들은 둘 다 불가능하다고 고개를 내젓는다.

왜 불가능하다고 생각하는 것일까? 부모들 쪽에서도 학창 시절에 공부는 괴롭고, 재미없고, 힘들어 억지로 참으면서 하느라 애를 먹었기 때문이다. 지금도 그들은 업무가 괴롭고, 재미없고, 힘들어 억지로 참으면서 일하느라 애를 먹고 있다.

"여러분에게 하고 싶은 말은 단 한 가지입니다. 목표를 가지라는 것이죠. 목표를 가짐으로써 여러분은 자신이 원하는 것을 대부분 실현시킬 수 있습니다."

메이저리그의 역사를 다시 쓰고 있는 이치로 선수가 어린이들에게 한 말이다. 자녀를 둔 부모라면 누구든 그냥 흘려버려서는 안 되는 말이 기도 하다.

 목표의식이 인생을 결정한다.

 목표의식이 없이 살아가면 다른 사람에 의해 자신의 인생이 결정된다.

육아에서 가장 중요한 것은 성적이 우수한 아이가 아니라 목표를 가질 수 있는 아이로 기르는 일이다. 꿈을 갖고 소망을 품은 인간으로 키우는 일이다. 아이가 인생의 목표를 확실히 가지고 있으면 도전정신이 생기고, 기꺼이 노력하고 인내하는 자세가 생긴다.

그렇다면 자녀에게 목표와 꿈을 갖게 하는 방법은 무엇일까?
어떤 마법을 써야 하는 것일까? 지금부터 이야기해보도록 하자.

천재를 만드는 세 가지 포인트

　　브레인트레이닝 지도에 들어갈 때는 반드시 다음과 같은 질문을 한다.

① 당신은 커다란 꿈(목표)을 가지고 있습니까?

② 그 꿈이 반드시 실현되리라 생각합니까?

③ 평소에 그 꿈에 대해 생각합니까?

④ 당신의 꿈이 실현되면 다른 사람도 행복해집니까?

⑤ 꿈을 실현하기 위한 방법을 늘 생각하고 있습니까?

⑥ 꿈을 실현하기 위해 무엇인가 행동하고 있습니까?

⑦ 꿈에 대해 긍정적인 생각을 가지고 있습니까?

이 일곱 항목에 모두 '그렇다'고 대답할 수 있는 사람은 지도하기가 매우 쉽다. 구체적인 몇 가지 방법만 가르쳐주면 놀랄 만한 변화를 보인다. 하지만 대부분의 사람들은 '그렇지 않다'고 대답하는 경우가 많다.

가장 중요한 항목은 ①번과 ②번이다. 이 두 질문에 '그렇다'고 대답할 수 없다면 나머지 질문은 사실 하나마나다. 어른들 중에는 질문 ①, ②에 주저 없이 '예'라고 대답할 수 있는 비상식적인 뇌가 극히 드물다. 하지만 어린이, 그것도 저학년생일수록 즉석에서 '예'라고 외치는 아이들이 많다. 어른의 뇌가 상식적이고 무기력한 데 반해, 아이들은 비상식적이고 흥분으로 들떠 살아 있는 뇌를 가지고 있기 때문이다.

아이들은 방망이도 제대로 가누지 못하면서 '이치로 같은 프로야구 선수가 되고 싶다'는 말을 거리낌 없이 한다. 그리고 자신이 이치로를 꿈꾸는 것은 당연하다고 생각하며, 될 수 있다고 믿는다. 그런 아이의 꿈을 철없는 소리라고 웃어넘기며 진심으로 받아들이지 않는 어른들이 천재의 뇌를 범인의 뇌로 만든다.

모든 어린이는 천재다. 왜냐하면 실패한 경험이 없기 때문이다. 그들은 아직 살아온 날이 짧고 부모의 보호 아래 있기 때문에 실패의 기억데이터가 슈퍼컴퓨터에 거의 입력되지 않은 상태다. 그들에게는 '되고 싶은 것'이 곧 '될 수 있는 것'이며, '하고 싶은 일'이 곧 '할 수 있는 일'이다. 그들은 두려움을 모르며, 천재만이 가능한 긍정적인 사고라는 것도 할 수 있다.

그러나 초등학교에 입학하는 무렵부터 '할 수 없었다', '실패했다'는 기억데이터가 조금씩 늘어나기 시작한다. 그래서 머지않아 '안 되었던', '할 수 없었던' 데이터가 '할 수 있었던' 데이터보다 압도적인 수로 많아지는 것이 보통이다. 그 결과 '되고 싶은 것'은 곧 '될 수 없는 것'이며, '하고 싶은 일'은 곧 '할 수 없는 일'로 간주하는 상식적인 뇌가 별 이변 없이 완성되어간다.

99%의 사람들은 '할 수 없다'는 착각 속에서 평생을 살아간다. 스스로 만든 '가능성의 틀' 안에 틀어박힌 채 좀처럼 인생의 목표나 꿈을 가지려 들지 않는다. 그들은 1억 원짜리 집은 상상할 수 있어도 20억 원짜리 집은 도저히 상상할 수 없다.

 꿈은 크게 갖자. 20억 원짜리 집을 상상할 수 있다면 1억 원짜리 집을 마련하는 것은 식은 죽 먹기다.

그러나 1%에 속하는 사람들은 남이 불가능하다고 여기는 꿈을 줄기차게 꾼다. 그러면서도 자신의 가능성을 한시도 믿어 의심치 않는다. 도대체 무엇 때문에 이처럼 비상식적인 뇌가 만들어지는 것일까? 생각할 수 있는 원인은 두 가지밖에 없다.

첫번째는 슈퍼컴퓨터에 실패의 기억데이터가 전혀 입력되지 않은 경우다. 살아온 날을 통틀어 무조건 성공만 하고 실패한 경험이라고는 눈곱만큼도 없는 것이다. 물론 제아무리 날고 기는 천재라 해도 이는 현실적으로 있을 수 없는 일이다.

두번째는 실패의 기억데이터가 아무리 많이 입력돼 있어도 편도핵이 태연하게 '유쾌'한 상태를 유지하는 특이체질인 경우다. 나는 이러한 특이체질을 '멘탈터프니스(mental toughness)' 곧 '정신적인 강인함'이라고 부른다. 2,000번의 실패도 아무렇지 않게 받아들이고 기꺼이 도전을 계속할 수 있는 정도라면 그야말로 강인하기 짝이 없는 '외곬' 정신의 소유자인 것이다.

천재들의 이러한 특이체질은 모두 가정 속에서 만들어진다. 다음은 이른바 '천재를 만드는 가정교육'의 세 가지 포인트이다.

- 부모가 자녀의 꿈을 공유하고 지원한다.
- 부모가 자녀를 철저히 칭찬한다.
- 부모가 자녀를 절대적인 애정으로 대한다.

육아와 경영의 공통점

언젠가 10여 명의 세일즈맨을 거느린 모 회사 영업지점장 H씨로부터 이런 질문을 받았다.

"어떻게 하면 부하직원의 업무의욕을 끌어올릴 수 있을까요?"

유도선수처럼 체격 좋은 H씨를 바라보며 내가 되물었다.

"설마 사무실 벽에 '근성'이나 '인내' 따위의 글을 써 붙여놓지는 않았겠지요?"

아니나 다를까, 그의 사무실 벽에는 '근성!!'이라고 큼직하게 적어 넣은 액자가 걸려 있다는 것이었다.

근성 자체가 나쁜 것은 아니다. 그러나 톱다운식으로 '근성'을 강요하고 질타, 격려하는 것은 시대착오적인 방식이다. 고도경제 성장기의 피라미드형 경영에서는 도움이 되었겠지만, 프로비즈니스 시대인 오늘날에는 더 이상 통하지 않는다.

내가 H씨에게 조언한 부하직원 사기진작 방법은 칭찬하라는 것이다. 흔히 칭찬은 고래도 춤추게 한다고 말들은 잘 하지만, 유감스럽게도 이를 실천하는 관리자를 찾아보기란 거의 하늘의 별 따기다.

결점을 지적할 시간이 있으면 칭찬하자. 칭찬하고, 칭찬하고, 또 칭찬하자. 칭찬할 것이 없으면 결점까지 칭찬거리로 삼아버릴 만큼 철저하게 부하직원을 칭찬하는 것이다. '약점도 자신감을 지니면 강점'이 되는 것이 운의 법칙이다. 또한 기대하고, 기대하고, 또 기대하자. '타인의 눈이 사람을 바꾼다'는 것 역시 운의 법칙이다.

☺ 주변에서 칭찬하면 칭찬한 대로의 사람이 된다.
☹ 주변에서 면박을 주면 면박준 대로의 사람이 된다.

사람이 세상에서 가장 믿을 수 없는 것이 바로 자기 자신이다.

'자네는 우리 회사에 꼭 필요한 사람이야.' '자네한테 거는 기대가 크네.' 사장에게 이런 말을 들은 사원은 정말로 자신이 회사의 기대주라는 생각이 들고, 그렇게 되면 누가 시키지 않아도 목숨 걸고 회사를 위해 열심히 일하게 되어 있다. 이 정도는 초보적인 마인드컨트롤이다.

뇌라고 하는 슈퍼컴퓨터는 스스로 생각하는 자신의 이미지보다 타인이 생각하는 자신의 이미지를 실현하도록 프로그래밍 되어 있다. '사람들의 평판에 신경 쓰지 마라'는 소리는 거짓말이다. 다른 사람들이 당신을 어떻게 생각하느냐에 따라 당신의 삶이 변한다.

2000년 시드니올림픽 여자마라톤에서 다카하시 나오코를 우승으로 이끈 코이데 감독은 큰 기대를 실어 줄기차게 선수를 칭찬해대는 재능을 갖고 있었다. 그는 '넌 1등할 거야. 세계 정상에 오를 수 있어. 반드시 할 수 있다고!'를 무슨 종교교단의 암시 테이프처럼 끊임없이 되풀이했다.

멀미가 날 정도로 반복되는 감독의 칭찬에 다카하시 선수의 편도핵은 완전히 기분 좋은 느낌에 빠져 자신이 세계 최고의 마라토너가 될 수 있다고 착각하기 시작한다. 이쯤 되면 이미 멘탈비거러스 상태이기 때문에 자신조차 어쩔 수 없는 흥분 속에서 '그만두라'고 말려도 기꺼이 훈련에 열중하게 된다.

부하직원의 업무의욕을 높이는 데는 칭찬이 약이라는 내 말에 H씨는 심한 의구심을 내비쳤다.

"너무 치켜세우면 자만에 빠져 오히려 일을 게을리 하지 않을까요?"

상사에게 칭찬받아 정말로 더 게을러지는 부하직원이 있다면 그는 목표의식이 부족한 사람이다.

부하직원 육성과 자녀교육의 요령은 기본적으로 크게 다르지 않다.

관리자는 업무능력이 뛰어난 사원이 아니라 운이 있는 사원을 육성하도록 유의해야 한다. 마찬가지로 부모는 자녀를 공부만 잘하는 아이보다 운이 있는 아이로 키워야 한다. 업무능력이나 실적, 성적이라는 것은 운만 있으면 어떻게든 열매를 맺게 되어 있다.

그렇다면 어떻게 해야 운이 있는 사람으로 키울 수 있을까? 답은 간단하다. 우선 꿈과 소망을 갖게 하자. 그리고 그 꿈과 소망의 실현에 대해 편도핵이 기분 좋은 감정을 느끼도록 철저하게 칭찬하는 동시에 기대하는 것이다.

그러나 앞서도 말했듯 우리 사회는 예전부터 칭찬에 인색하다. 유교적 전통의 영향 탓인지는 모르겠지만 다른 사람의 장점을 잘 인식하지 못하고, 안다 해도 웬만해서 칭찬하지 않는다. 비록 칭찬하고 싶은 마음이 있어도 쑥스러움 때문에 쉬 입에 올리지 못하는 것이다.

그래서 나는 H씨에게 '피그말리온 미팅'을 제안했다. 참고로 피그말리온 미팅은 다른 사람의 기대나 관심으로 인하여 능률이 오르거나 결과가 좋아지는 현상인 피그말리온 효과(Pygmalion effect)를 변형한 것이다.

피그말리온 미팅이란 철저하게 상대방을 칭찬하는 모임이다. 미리 정해둔 몇 분 동안, 모두가 입을 모아 참석자 중 한 사람을 할 수 있는 데까지 칭찬하는 것이다. 이러한 모임을 통해 참석자들은 타인의 장점에 관심을 갖게 되는 한편, 자신의 장점도 새롭게 발견할 수 있다. 칭찬하는 일이 전혀 쑥스럽지 않게 되고, 칭찬받은 사람은 편도핵이 유쾌해져 어느새 주변에서 기대하는 대로의 모습으로 변화해간다.

피그말리온 미팅은 가정에서 시도해도 좋다. 자녀가 다 자란 뒤에는 다소 어려움이 있겠지만, 아직 어린 경우에는 대개들 아주 신이 나서 동참한다. 아이들은 어른으로서는 도저히 생각해낼 수 없을 듯한 칭찬의 말을 아주 천연덕스럽게 쏟아낸다. 그리고 자녀에게 칭찬받은 부모는 머지않아 칭찬받은 그대로의 어머니, 아버지가 되기 위해 노력하는 스스로를 발견하게 될 것이다.

아이의 성공을 나의 일처럼 기뻐하라

앞서 말한 시드니올림픽에서 내게 가장 선명한 인상을 남긴 것은 여자마라톤의 다카하시 나오코 선수였다. 특히 42.195Km를 주파하고 결승테이프를 끊은 다카하시 선수가 관중석의 갈채에 손을 흔들어 답하면서도 열심히 코이데 감독을 찾던 모습은 지금까지도 전혀 잊히지 않는다.

오랫동안 스포츠 선수의 멘탈트레이닝을 지도해온 나는 감독과 선수들의 관계를 여러 가지로 보아왔다. 개중에는 다카하시 선수와 코이데 감독처럼 절대적인 신뢰관계로 맺어진 경우가 간혹 있는데, 그러한 선수나 팀은 예외 없이 훌륭한 기량을 선보이며 크게 활약한다.

☺ 나의 성공을 자신의 일처럼 기뻐해주는 사람이 있다.

☹ 나의 성공을 진정으로 기뻐해주는 사람이 없다고 생각한다.

소년원에 입소한 청소년들을 상대로 실시한 심리테스트 결과를 보면, 문제행동을 일으킨 아이들에게 공통적으로 큰 특징의 하나는 스스로에 대한 평가가 낮다는 점이다. 학교 성적의 좋고 나쁨과는 거의 관계없이, 그들은 '어차피 나는'이라는 자포자기식 심리상태에 빠져 자신의 존재가치와 의의를 어디에서도 찾지 못했던 것이다.

사람이 스스로의 존재가치와 의의를 느끼는 것은 타인에게 인정받았을 때이다. '나'의 성공을 자기 일처럼 기뻐해주는 사람, 혹은 '나'의 실패를 자신의 일처럼 슬퍼하고 위로해주는 사람이 없다고 느낄 때 인간은 누구나 스스로의 존재가치를 상실한다. 아이, 어른에 상관없이 자신의 존재를 인정해주는 사람이 인생에서 그만큼 중요한 것이다.

절대적 애정은 기적을 만든다

애정에는 두 종류가 있다. 어떤 일이 있어도 무조건 사랑하는 절대적인 애정이 그 첫번째다.

〈오체불만족〉의 저자 오토다케 히로타다가 태어났을 때, 사지가 없는 갓난아기를 처음 본 어머니의 입에서 터져나온 첫마디는 '너무 귀여워!'였다. 오토다케의 운은 이 순간 결정되었다고 해도 크게 틀린 말이 아니다. 자신을 향한 무조건적인 사랑을 확신한 뇌는 완벽한 긍정적 사고를 갖게 되어 불가능마저도 가능으로 만든다.

두번째는 조건적인 애정, 평가를 수반한 애정이다. '얼굴이 예쁘니까', '머리가 좋으니까', '부모 말을 잘 들으니까', '공부를 잘하니까……' 식으로 어떤 조건이 애정에 들러붙는다. 물론 대부분의 부모는 절대적인 애정으로 자녀를 키우겠지만, 의사소통이 부족해 오해가 생기면 아이에게 애정이 제대로 전달되지 않는다.

'효도하고 싶을 때 부모는 없다'는 말이 있듯, 부모의 애정을 자녀가 진정으로 이해하는 때는 벌써 당신들이 세상을 떠난 후이다. 당신들의 절대적인 사랑을 되갚으려 해도 이미 때는 늦은 것이다. 스포츠선수 중에 부모가 돌아간 후 시합에서 크게 활약해 경이적인 기록을 세우는 경우가 간혹 있다. 이는 부모의 죽음을 통해 그 애정의 깊이를 헤아림과 동시에 부모에 대한 자신의 애정을 깨닫고 감정뇌에 대혁명이 일어남으로써 저절로 멘탈비거러스 상태가 되어버린 결과다.

'자신을 사랑해주는 사람을 위해서 성공한다.'

사람이 아름다운 것은 자기 자신보다 사랑하는 사람을 위해 노력할 수 있기 때문이다. 자신을 위해서는 강해질 수 없어도 다른 사람을 위해서는 강해질 수 있기 때문이다. 멘탈터프니스 곧 '정신적인 강인함'의 열쇠가 여기에 있다.

Part
6

좋아, 밀고 가는 거야!

승리그룹과 패배그룹

2 : 6 : 2. 하나의 조직을 구성하는 사람들을 능력에 따라 분류한 비율이다. 맨 앞의 2는 특출한 능력을 발휘해 조직 전체를 이끄는, 이른바 조직 내 '승리그룹'이다. 6은 자신의 역할을 수행하며 리더에 따라가는 평균적인 그룹. 나머지 2는 아무런 능력도 발휘하지 못하는, 조직의 '짐'과 같은 존재이다.

회사든 학교든 자선단체든, 모든 조직을 통틀어 능력이라는 관점에서 사람들을 분류하면 신기하게도 2 : 6 : 2의 구성비를 보인다.

재미있는 사실은 다른 동물의 세계에서도 똑같은 경향을 볼 수 있다는 점이다. 예컨대 '근면'의 대명사로 여겨질 만큼 부지런하다는 개미도 20%는 짐과 같은 존재로, 열심히 노동하는 다른 개미 곁에서 하늘만 쳐다보며 게으름을 피운다. 어떤 세계든 적극적으로 삶에 임하는 자와 마지못해 소극적으로 살아가는 자가 있는 것이다.

2 : 6 : 2의 구성을 좀더 세세하게 가르면 환경변혁형(5%), 환경개선형(10%), 환경순응형(35%), 환경도피형(45%), 환경파괴형(5%)의 다섯 그룹으로 나눌 수 있다. 스스로를 여기에 적용시켜보면 직함이나 나이에 상관없이 조직 내에서 자신이 서 있는 진정한 위치를 알 수 있다.

▶ 환경변혁형(5%)

보통 사람이라면 절망하고 말 두렵고 곤란한 상황에 처해도 조금도 흔들리지 않고 꿈에 대한 열정을 유지하는 사람이 여기에 속한다. 이들은 동기부여가 낮아지는 법이 없으며, 장애가 많으면 많을수록 더욱더 열정을 불태운다. 철저하게 긍정적인 사고로 성공할 때까지 줄기차게 도전해 마지막에는 자신의 생각대로 환경이니 상황을 바꿔버린다.

'나는 경주에 나가면 결코 지지 않는다. 왜냐하면 이길 때까지 달리기 때문이다'라고 한 혼다 소이치로처럼, 이 그룹에 속하는 사람은 어떤 분야에서든 반드시 성공한다.

▶ 환경개선형(10%)

변혁형과 함께 조직 내 '승리그룹'에 속한다. 강한 긍정적 사고와 왕성한 도전정신으로 목표를 향해 나아간다. 심각하게 곤란한 상황에 처하면 의지가 약해져 평소와 달리 동기부여가 저하되는 경우가 있다. 이 그룹에 속하는 사람들이 언제까지나 '넘버 투'에 머무르는 이유가 여기에 있다. 그러나 금방 다시 일어서 슬럼프나 침체를 극복하고 높은 동기부여를 되찾는 것이 보통이다.

▶ 환경순응형(35%)

도전정신과 동기부여의 수준이 낮으며 주체적이지 못하다. 환경이나 상황, 주변인에 좌우되기 쉽고 동기부여가 죽 끓듯 변한다. 어제는 의욕에 넘쳤다 싶으면 오늘은 완전히 의지를 잃고 있는 식이다.

한마디로 주체성이 없는 셈인데, 이는 곧 사는 보람을 가질 수 없다는 이야기이다. '이 정도면 되겠지', '할 수 없지 뭐'라는 식으로 현실과 타협해서 흘러간다. 상황이 양호할 때는 그래도 괜찮지만, 상황이 나빠지면 거의 자포자기 상태에 빠져버린다.

▶ 환경도피형(45%)

순응형과 마찬가지로 조직 내 '패배그룹'에 속한다. 성공을 바라지도 않고 목표의식도 없다. 실패의 기억과 두려움이 무의식 속에 자리하고 있어 '어차피 나는 잘될 리가 없어', '무리야', '괜히 헛수고하지 말자'고 생각한다. 당연히 주체적이고 적극적인 자세를 기대할 수 없다. 하지만 자기방어능력은 남보다 두 배나 강해서 스스로를 정당화하는 불평이나 불만, 험담을 매우 좋아한다.

이 유형의 사람들은 압력이 가해져야만 움직인다. 할당량, 상사의 질타, 마감, 도산위기 등 외부로부터 강한 압력을 받으면 그동안에는 가까스로 동기부여가 높아진다. 그러나 자기 혼자서는 동기부여를 높일 수도, 높게 유지할 수도 없다.

▶ **환경파괴형(5%)**

환경이나 주변 사람을 탓하며 책임을 전가한다. 타인의 발목을 붙잡고 남의 실패를 기뻐하는 것이 스트레스를 푸는 방법이기 때문이다. 당연히 주변 사람의 평판도 나쁘다. 그냥 내버려두면 조직의 조화를 어지럽히고 환경을 파괴하는 일까지 있다. 진지한 충고나 조언도 소귀에 경 읽기다.

어떤 조직이든 거기에는 이상과 같은 다섯 가지 유형의 조직원이 반드시 존재한다. 아무리 싫어도 사람은 이 다섯 유형 중 어딘가에는 속하게 되어 있다. 당신은 어느 유형에 속할까?

마음의 벽을 돌파하는 방법

기존의 자기개발서나 능력개발서 등에서는 의식개혁을 무척 강조한다.

의식개혁. 참 듣기 좋은 말이다. 능력개발연구서뿐 아니다. 정부도, 정치가도, CEO도, 노조위원장도, 반대파도, 찬성파도 모두 모두 의식을 개혁하라고 부르짖는다. 의식개혁만 이루어지면 만사형통이라고 생각하는 것이 세상인심인 듯하다.

그러나 단언하건대 조직 내 '패배그룹'인 순응형, 도피형, 파괴형은 제아무리 의식개혁을 하고 또 해도 '승리그룹'에 속할 수 없다. 인간은 의식개혁만으로는 절대로 바뀔 수 없는 존재다.

뇌라고 하는 슈퍼컴퓨터의 기능은 전체의 90~95%를 차지하는 잠재의식과 고작해야 5~10%를 점하는 의식으로 이루어진다.

전체 뇌기능의 10분의 1에 불과한 의식에 대해 잠재의식은 막대한 영향력과 강한 지배력을 행사한다. 이 잠재의식의 정체는 바로 방대한 양의 과거의 기억데이터이다. 슈퍼컴퓨터는 잠재의식에 저장된 기억데이터와 대조하면서 분석하고 판단해 우리의 사고와 감정, 행동 모두를 뒤에서 조종한다.

'패배그룹'에 속한 사람들은 아무리 '승리그룹'이 되고 싶어도 잠재의식이 '불가' 카드를 내민다. 따라서 천만번 의식개혁을 하더라도 승리그룹이 될 수 있을 것 같다는 생각이 들지 않는다. 오히려 '패배그룹'이 되는 예감만 든다.

'부자가 되고 싶다'는 소망을 품어도 과거에 성공 경험이 적고 실패 경험이 많으면 '무리야', '바보 같은 소리'라는 잠재의식의 속삭임에 덜미를 잡힌다. 자신이 부자가 될 수 있다고는 진심으로 여겨지지 않는 것이다. 한 번도 사랑받은 적이 없는 사람은 아무리 사랑을 원해도 누군가로부터 사랑받으리라는 생각이 안 든다. 오히려 자신은 다른 사람에게 사랑을 받을 만한 가치가 없는 인간이라고 치부하게 된다.

요컨대 사람은 마음속에 벽을 가지고 있다. 과거의 기억데이터가 만들어내는 '마음의 벽'이 눈앞을 가로막고 서 있기 때문에 부자가 되고 싶어도, '승리그룹'이 되고 싶어도, 사랑받는 사람이 되고 싶어도 자기도 모르게 '안 된다'고 생각해버린다. 무의식중에 '할 수 없다'는 이미지가 떠오르고, 불안과 두려움이 솟구쳐온다. '마음의 벽'의 방해로 말미암아 자신이 정말로 되고 싶은 사람으로 변모할 수 없는 것이다.

능력개발이란 바로 이 '마음의 벽'을 부수는 일이다.

앞서 '패배그룹'은 절대로 '승리그룹'이 될 수 없다고 단언한 바 있다. 그런데 어찌 된 일인지 환경순응형이나 도피형에 속하는 사람이 돌연 변혁형, 개선형 인간으로 변모하는 경우가 있다. 목표의식도, 동기부여의 수준도 이전과는 완전히 다르다. 도대체 어떤 세미나에서 어떤 특별훈련을 받아 긍정적 사고의 소유자로 거듭난 것일까 싶지만, 알고 보면 그런 이유가 아니다. 그들의 변모는 많은 경우 새로운 친구나 동료와의 만남, 훌륭한 상사나 호의적인 고객과의 만남, 혹은 결혼이나 아이의 탄생, 부모의 죽음 등이 계기가 되고 있다.

마음의 벽을 깨부수는 데 필요한 것은 의식개혁이 아니라 운이다. 운만이 그것을 가능하게 만든다. 그리고 운은 자기 이외의 다른 무엇, 즉 만남을 통해 얻어진다. 결국 마음의 벽을 돌파하는 일은 사람과의 만남, 일생일대의 여러 가지 중대사와의 만남을 통해 그로부터 놀라운 힘을 받음으로써 비로소 가능해지는 것이다.

꿈이 없는 곳에는 운도 없다

많은 사람들로부터 '꿈을 가질 수 없다'거나 '목표를 찾을 수 없다'는 등의 말을 자주 듣는다. 젊은이는 물론이고 회사 내에서 중견그룹에 해당하는 3,40대 중에서도 같은 하소연을 토로하는 이들이 의외로 많다.

인생에서 실현해야 할 목표를 가지고 날마다 그것을 의식하며 적극적으로 살아가는 사람은 얼마 되지 않는다. 압도적인 대다수는 꿈도 목표도 상실한 채 흐르는 세월에 실려 자신두 알 수 없는 곳으로 그저 흘러갈 뿐이다.

하지만 현실은 냉혹하다. 꿈을 가진 사람만이 이긴다. 그리고 조금이라도 빨리 프로의식에 눈뜬 사람만이 성공을 거머쥐고 세상의 변화를 주도한다.

프로비즈니스맨에게 필요한 것은 일류 스포츠선수라면 반드시 가지고 있는, 그리고 잃어버리면 그날로 일류의 자리를 내놓아야 하는 목표의식과 동기부여다.

꿈을 지닌 사람, 어떻게든 그 꿈을 실현하고자 하는 강한 목표의식을 가지고 사는 사람은 비록 꿈이 이루어지지 않는다 해도 아무런 꿈도 목표도 없는 사람과는 수준이 다른 멋진 인생의 주인공이 된다.

사실 대부분의 사람들이 꿈이 없이 살아가는 이유는 자기 혼자만을 생각하기 때문이다.

 자기만을 생각하는 사람은 꿈을 가질 수 없다.

따라서 멋진 꿈, 훌륭한 목표를 가지고 싶다면 다음과 같은 원칙을 실행하면 된다.

- 연인을 생각하면 두 사람의 꿈이 생긴다.
- 배우자를 생각하면 부부의 꿈이 생긴다.
- 부모를 생각하면 부모를 행복하게 할 꿈이 생긴다.
- 가족을 생각하면 가족을 위한 꿈이 생긴다.
- 고객을 생각하면 고객을 기쁘게 할 꿈이 생긴다.

- 팀을 생각하면 팀의 목표달성이라는 꿈이 생긴다.
- 세상을 생각하면 더 나은 세상으로 만들려는 꿈이 생긴다.

연인 사이에 장래의 꿈이 생기는 것은 상대방을 생각하는 사랑이 있기 때문이다. 사랑은 편도핵을 기분 좋게 만들고 뇌에 긍정적인 미래를 그리게 한다. 하지만 사랑이 식어 자기중심적인 사고방식이 되살아나면 더 이상 상대방을 생각하지 않게 되고, 두 사람의 꿈도 미래도 함께 사그라진다. 간혹 실연의 상처로 말미암아 스스로 목숨을 끊는 경우가 있는데, 이는 사랑하는 사람이 사라짐과 동시에 돌연 미래를 빼앗겼다는 절망감 때문이다.

왜 혼자서는 꿈을 가질 수 없는 것일까? 사람은 논리뇌(대뇌신피질)가 아닌 감정뇌(대뇌변연계)로 꿈을 꾸기 때문이다. 감정뇌에 사랑이 넘쳐 편도핵이 기분 좋은 상태일 때는 신나고 즐거운 미래를 상상할 수 있다. 그런데 혼자가 되면 분리불안이라는 인류 공통의 트라우마(trauma, '외상후스트레스장애'라고도 하며 과거의 충격이 현재까지 미치는 현상을 말한다)가 고개를 쳐들기 시작한다. 분리불안이 살아나면 편도핵이 곧바로 불쾌한 상태로 바뀌어 자기방어본능이 작동함으로써 부정적인 사고, 부정적인 이미지, 부정적인 감정이 되고 꿈이 사라진다. 부정적인 감정의 꿈, 부정적인 이미지의 목표 등은 애당초 '달콤한 소금'이나 '매운 설탕'과 마찬가지로 어디에도 존재하지 않는다.

결국 꿈을 가지는 비결은 자기 이외의 누군가의 행복을 바라는 마음에 있다.

'사랑? 마음? 비즈니스는 그처럼 달콤한 것이 아니다.' 혹시라도 이렇게 생각하는 사람이 있다면 그는 틀림없이 소비사회에 있어서의 비즈니스의 본질, 소프트웨어 시대에 있어서의 거래의 핵심을 결정적으로 오인한 운이 없는 사람이다.

오늘날과 같은 소비사회에서 비즈니스의 핵심이 되는 것은 다름 아닌 사랑 혹은 마음이다. 고객을 위하는 마음, 더 나아가 국가와 세상을 위하는 마음이 사람들의 소비동향과 어떤 식으로 연결되는가는 굳이 설명하지 않아도 알 것이다. 지금은 운과 꿈이 없어도 상품을 만들기만 하면 무조건 팔리던 고도경제성장 시대와는 다르다. 진정으로 다른 사람의 행복을 바라는 마음이 없다면 소비자의 감성을 사로잡는 상품의 개발도 불가능하다. 이제는 꿈과 사랑, 그리고 진실한 마음이 없으면 상품이 팔리지 않는 시대인 것이다.

이부카 마사루 등이 소니를 창립한 것은 2차대전 직후인 1946년이었다. 남녀노소 없이 헐벗고 굶주리는 전쟁의 폐허 속에서 회사를 출범시키며 그들이 내건 모토는 '사람들을 행복하고 풍요롭게 하는 것'이었다.

'왜 나는 운이 없을까?' 하고 한탄하기 이전에 자신에게 과연 꿈이 있는지 자문해보자. 꿈이 없는 곳에는 운도 없다. 꿈과 목표가 없다면 아무리 기다려도 기회는 오지 않는다. 고작 길에 떨어진 지갑을 줍는 것이 행운이라는 착각을 버리고 주변 사람들에게 어떻게 애정을 베풀지를 생각하자.

자기 이외의 누구에게 기쁨과 행복을 주고 싶은가? 이 질문 속에 당신의 꿈이 있다.

천재와 범인은 동기부여부터 다르다

꿈이라는 목표에 한 걸음 한 걸음 다가가게 하는 원동력이 곧 동기부여다. 모티베이션 즉 동기부여라는 말은 흔히 심리학에서 쓰는 용어인데, 일반적으로는 '의지' 혹은 '의욕'이라고 하는 편이 알아듣기 쉽다. 한마디로 말해서 동기부여란 목표달성으로 가는 행동을 지배해 완수할 때까지 그것을 유지하려는 심리적 에너지라고 할 수 있다.

동기부여가 무엇인지를 분명히 보여주는 일화가 있다. 혼다 소이치로 곁에서 자동차 설계를 담당했던 한 기술자의 회상이다.

혼다가 도면 변경을 지시하는 바람에 그는 니가타 현에 있는 제작사까지 급히 가야만 했다. 그러나 니가타는 폭설로 인해 차든 비행기든 교통편이 완전히 끊긴 상태였다. 그가 출발을 못 하고 머뭇거리고 있는데, 혼다가 다시 나타나 도면이 완성되었느냐고 물었다.

"조금만 있으면 완성됩니다."

그의 대답 끝에 옆에 있던 동료가 덧붙였다.

"철도와 도로가 막혀 갈 수가 없답니다."

그러자 혼다는 눈을 부릅뜨며 말했다.

"당장 비행기를 빌려 타고 가서 낙하산으로 뛰어내리도록 하게!"

바로 이것이 천재의 동기부여다. 한번 목표를 설정하면 무슨 일이 있어도 실현하고자 하는 무시무시하리만큼 강력한 동기부여. 운이 따르지 않을 리 없다.

그렇다면 천재와 범인의 동기부여는 어떤 차이를 보일까?

'일단 3개월 동안 동기부여를 유지할 수 있다면 당신도 천재가 될 수 있다.'

이것이 범인들의 동기부여에 관한 나의 지론이다.

우리 연구소에서 실시한 심리조사 결과에 따르면 동기부여의 일반적인 지속 기간은 길어야 3개월이다. 의욕, 의지, 열정, 목표의식 등은 3개월이 지나기 전에 완전히 변해버린다. 불과 3개월 만에 뇌는 환경에 적응하고 순응해 '내가 원래 이렇지 뭐' 하는 안일한 생각에 빠진다.

한편 어떻게든 꿈과 소망을 실현하고자 하는 천재의 뇌는 도무지 환경에 순응하지 못하고 도전을 계속한다. 에디슨은 '천재란 99%의 노력과 1%의 영감'으로 이루어진다고 말했지만, 내가 보기에 천재를 만드는 것은 노력도 영감도 아니다. '비행기를 빌려 타고 가서 낙하산으로 뛰어내리라'고 할 정도로 높은 동기부여이다.

보통 사람과 천재가 가지는 동기부여의 차이는 알고 보면 '본능'의 차이에서 비롯한다. 다시 말하면 자기방어본능에 따라 환경에 순응하는가, 투쟁본능에 의해 철저하게 도전해버리는가의 차이에서 나오는 것이다.

우리의 논리뇌 대부분은 자기방어본능을 수행하기 위해 발달해 있다. 뇌라고 하는 슈퍼컴퓨터의 전체 시스템 중에서 논리뇌의 임무는 눈앞에 펼쳐진 세계가 얼마나 위험하고, 무섭고, 힘들고, 중차대하고, 시시한가를 끊임없이 검증하는 일이다. 따라서 논리뇌가 우세할 때는 편도핵은 대체로 불쾌한 상태가 된다. 아내에게 바가지를 긁히면서 필사적으로 변명거리를 생각하는 남편이 신나고 즐겁고 가슴 설렐 리는 없다. 분리불안 때문에 죽을 만큼 괴로워하는 한심한 겁쟁이에다 자기방어적인 '할 수 없는' 뇌가 되어 있기 십상이다.

우리의 과거는 실패의 연속이다. 당연히 기억장치에는 '할 수 없었던' 데이터만 가득 차 있다. 따라서 논리뇌의 분석을 그대로 받아들이는 한 '~하지 않도록'이라는 자기방어적 자세가 되지 않을 수 없다.

그렇다면 어떻게 해야 천재들처럼 동기부여를 높일 수 있을까? 감정뇌를 자극해 투쟁심을 높이면 된다.

일류 선수의 에너지와
초일류 선수의 에너지

투쟁심과 가장 관계가 깊은 것은 감정뇌(대뇌변연계)이다. 우리의 선조들은 어류에서 파충류로 진화함에 따라 바다에서 육지로 삶의 터전을 옮겼다. 이로써 바다 속에서 살 때에 비해 움직임이 현격히 자유로워졌고, 음식이나 성을 둘러싼 투쟁도 그만큼 격렬하고 치열해졌다. 그 결과 크게 발달한 것이 바로 감정뇌이다.

사람이 지니는 다양한 감정 중에서 특히 투쟁심과 관련이 깊은 것은 다음 다섯 가지 에너지이다.

▶ 불만·반발의 에너지 : 솔직해질 수 없기 때문에 기회를 잃는다

다른 사람이나 환경에 대한 불만은 반발이라는 낮은 수준의 투쟁심에 지나지 않는다. 이러한 투쟁심의 근원에는 자기방어가 있

다. 거듭 말하지만 자신을 지키려 할 때 우리의 편도핵은 불쾌해지고, 그러면 반드시 운을 잃는다.

스포츠의 세계에서도 감독이나 코치에 대한 반발의 에너지를 능숙하게 컨트롤하지 못해 망가져가는 선수가 적지 않다. 회사에서도 마찬가지다. 회사의 방침이나 상사에게 불만을 가지면 목표달성으로 향해야 할 투쟁심이 반발의 대상 쪽으로 엇나가버려 대번에 능력저하를 부른다.

운의 파도에 올라타려면 반드시 솔직함이 필요하다. 다른 사람의 말에 겸허하게 귀를 기울이자. 중대국면에서는 자신을 버리고 다른 사람의 의견을 좇는 솔직함이 필요할 때가 있다. 그러나 반발의 에너지에 지배당하는 사람은 타인은 물론 스스로에게도 솔직해지지 못해 모처럼 찾아온 소중한 기회를 놓친다.

▶ 호감·득의의 에너지 : 힘이 부족해 큰일을 달성할 수 없다

프로야구 선수는 야구를 좋아하고 프로축구 선수는 축구를 좋아한다. 하지만 호감이라는 에너지만으로 프로가 될 수 있을 만큼 스포츠의 세계는 달콤하지도, 단순하지도 않다. 프로비즈니스맨, 프로경영자, 프로자영업자, 프로예술가 역시 마찬가지다.

호감의 에너지가 있으면 감정뇌가 유쾌해지기 때문에 신나고 즐겁게 도전할 수 있다. 노력이 괴롭지도, 스트레스를 느끼지도 않는다. 호감의 에너지는 목표를 향한 투쟁심의 밑바탕으로써 꼭 필요한 에너지이다.

하지만 이 에너지만으로는 보다 큰 목표를 달성할 수가 없다. 현재의 즐거움에 만족해버리기 쉽기 때문이다. 더 큰 목표에 도전하려면 힘차게 앞으로 돌진하는 에너지가 필요하다.

▶ 소망의 에너지 : 부정적인 감정에 지배당하기 쉽다

'이렇게 되고 싶다', '저렇게 되고 싶다'는 소망은 보다 나은 미래로 향하는 에너지를 낳는다. 미래를 목표로 하는 이런 유형의 투쟁심은 그 배경에 자아욕구가 있기 때문에 강력한 동기부여가 된다. 오죽하면 미국의 성공철학에서는 '강한 소망만 있으면 뭐든지 실현할 수 있다'고 강조할 정도다.

그러나 인간의 마음속에는 소망을 배반하는 장애물이 존재한다는 사실을 잊지 말아야 한다. 예감과 예지가 바로 그것이다. 아무리 강한 소망을 품고 있어도 똑똑한 슈퍼컴퓨터가 과거의 기억 데이터에 근거해 실패를 예감하면 투쟁심은 곧바로 사라진다.

대부분의 소망은 '자신을 만족시키고 싶다'는 자아욕구에서 비롯한다. 그러나 오로지 자기만의 미래를 소망하는 사람은 타인이 옮겨주는 운을 잡을 수 없다.

좌절과 실패로 인한 분노를 투쟁심으로 승화하는 사람은 약해지는 법이 없다. 권투에서 말하는 이른바 헝그리정신이 그를 강하게 만든다. '지고 싶지 않다'는 고집과 실패한 스스로에 대한 분노 그리고 상처 입은 자존심. 이런 것들이 투쟁적인 에너지로 바뀌면 동기부여를 엄청나게 강화한다. 일단 밑바닥까지 내려간 사람이 강하다는 이유도 여기에 있다.

감사의 에너지는 가장 강력한 심리적 에너지이다. 하지만 사람들은 흔히 감사와 투쟁심을 서로 정반대의 것으로 생각한다. 투쟁심과는 완전히 반대방향인 감사하는 마음이 어째서 투쟁심을 높이고 동기부여를 강화하는 것일까?

1장에서 이미 성공한 사람들의 공통점을 소개한 바 있는데, 실은 또 한 가지 공통점이 있다. 목표를 달성해 자아욕구가 충족되면 그들은 하나같이 '니는 왜 성공할 수 있었는가'를 생각한다.

똑같은 질문을 두고 '내가 노력했기 때문이다. 나를 칭찬해주고 싶다'는 대답을 찾아내는 사람은 더 이상의 성공을 기대하기 힘들다. 크게 성공하는 사람일수록 자기 혼자만의 힘이 아니라 '많은 이들 덕분에 성공할 수 있었다'는 결론을 얻는다.

자신의 성공을 다른 이들의 덕으로 돌리는 것을 '겉치레'로 치부하는 사람은 틀림없이 운이 없는 사람이다. 타인으로부터 운을 건네받은 경험이 없기 때문에 그런 식으로 생각하는 것이다. 타인이 옮겨주는 운 없이는 누구든 절대로 크게 성공할 수 없다.

만일 다른 사람한테서 운을 건네받아 성공의 기회를 얻었다면 당신은 어떤 심정이 될까? 상대방에 대해 감사하는 마음이 저절로 우러날 것이다. '감사하다'는 마음이 생기면 사람은 더 이상 자기 혼자만을 위해 싸우지 않는다. 그의 마음속에는 '저 사람에게 보답하기 위해', '저 사람을 기쁘게 하기 위해', 더 나아가 '사회를 위해', '세상을 위해'라는 새로운 투쟁심 곧 사명감이 생긴다. 그리고 이러한 사명감은 '승리그룹'의 승자, 강자만이 가질 수 있는 최강의 동기부여이다.

사명감은 무언가에 대한 좋고 싫음이라든지 불만, 고집, 자기실현 같은 개인적인 동기부여에서 오는 에너지가 아니기 때문에 어떤 고난이 있어도 결코 꺾이지 않는다. 오히려 상황이 어려우면 어려울수록 뜨겁게 불타올라 엄청난 힘을 발휘한다.

스포츠 분야에서도 올림픽 메달리스트나 프로무대에서 크게 성공한 선수들은 감사의 에너지를 일찍부터 체득한 경우가 많다. 일류 선수와 초일류 선수의 차이는 바로 이 감사의 에너지를 가지고 있느냐 그렇지 않느냐의 차이이다.

정신적인 지주를 만들어라

신과 같은 절대적인 존재를 믿는 사람일수록 큰 성공을 거두는 경우가 많다. 여기서 언급한 신이란 꼭 종교에서 말하는 신을 뜻하는 것은 아니다.

예컨대 다카하시 나오코 선수에게는 코이데 감독이라는 신이 있었고, 이치로에게는 아버지라는 신이 있었다. 즉, 여기서 말하는 신이란 자신이 전폭적으로 믿을 수 있고 감사와 경의를 표할 수 있는 존재를 의미한다.

 타인과 환경에 대해 감사하는 마음은 스스로를 더욱 강하게 만든다.

지금까지 나를 걱정해주고 나의 노력이나 성공을 기뻐해준 사람들의 이름을 모두 적어보자. 그리고 그들 전부에 대해 감사하자.

누구든 자신을 가장 위해주는 사람, 자신에게 가장 소중한 사람이 있을 것이다. 그를 자신의 '정신적인 지주'로 정하자.

- 그에게 늘 감사하자. 감사의 감정은 스스로를 솔직하게 만들고 마음을 더욱 강하게 한다.
- 그에게 인정받고 싶다는 심리가 작용해 동기부여를 높인다.
- 그가 보내준 애정을 떠올리면 어떤 고난이나 역경도 이겨낼 수 있다.

실천하는 자만이 멋진 미래를 낚는다

여기까지 읽어온 독자라면 운은 그저 우연의 산물이 아니라는 점을 이해했으리라 여긴다. 운이란 우연의 산물이기는커녕 우리의 사고나 감정과 깊은 연관을 맺고 있다. 뿐만 아니라 우리의 삶의 방식 자체와도 매우 밀접하게 관련되어 있다.

- 운을 부르는 사고방식이 있는가 하면 운을 내쫓는 사고방식이 있다.
- 운을 부르는 감정이 있는가 하면 운을 내쫓는 감정이 있다.
- 운을 부르는 삶의 방식이 있는가 하면 운을 내쫓는 삶의 방식이 있다.

하지만 사고, 감정, 삶의 방식은 쉽게 바꿀 수 있는 것이 아니다. 따라서 운이 없는 사람은 언제까지나 운이 없을 뿐더러 갈수록 운을 내쫓는 사고, 감정, 삶의 방식을 취해 점점 운으로부터 버림받는다. 반대로, 운이 좋은 사람은 더욱더 많은 운을 끌어와 신나고 즐거운 삶을 누린다. 지금까지 이어온 그저 그런 삶에서 벗어나 운이 넘치는 멋진 인생을 살고 싶다면, 그래서 성공하고 싶다면 순간순간 이렇게 자문해보자.

- 지금 이대로의 자신이 괜찮은가? → 이대로 살아가기는 싫다!
- 지금의 능력에 만족하는가? → 이대로 살아가기는 싫다!
- 지금의 기술로 미래가 보장되는가? → 이대로 살아가기는 싫다!
- 지금의 삶에 불만이 없는가? → 이대로 살아가기는 싫다!

'이대로 살아가기는 싫다'는 결론을 내리면 슈퍼컴퓨터는 재빨리 '그렇다면 어떻게 하면 좋을까'를 생각하기 시작한다.

마지막으로 다음과 같은 운의 대원칙을 소개한다.

🙂 '현재의 상황을 넘어서기 위해서는 어떻게 하면 좋을까?'를 끊임없이 생각하는 사람만이 성공한다.

어떻게 현 상황을 뛰어넘을 것인가? 실은 그 해답이 바로 운이다. 이제까지의 가치관이나 상식을 무너뜨리고 새로운 삶을 가져다주는 운.

나는 지금까지 운과 만나고 운을 거머쥐는 방법을 소개해왔다. 이 방법을 실행할지 말지를 결정하는 것은 독자의 몫이다.

세상에는 두 종류의 사람이 있다. 아는 것을 실천하는 사람과 실천하지 않는 사람. 전자는 틀림없이 기회와 운, 성공을 거머쥘 것이다.

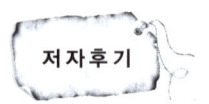
저자후기

성공의 문 앞에 있는 당신, '나는 된다'고 외쳐보자

'인생은 즐겁다.'

세상의 성공한 사람들은 틀림없이 그렇게 생각한다. 이미 성공했기 때문에 '인생이 즐겁다'고 느끼는 것일까? 천만에. 그들은 성공하기 전부터 '인생은 즐거운 것'이라고 착각하고, 정말로 '즐겁다'고 믿어버리고 있었다. 그것이 '운이 있는 사람'의 정체다. 그 이상도, 이하도 아니다.

독자 중에는 본문만 읽고 '저자 후기' 따위는 아예 펼쳐보지도 않는 부류가 있다. 하지만 지금 이 글을 읽고 있는 당신은 정말 운이 좋은 사람이다. 왜냐하면 다음과 같은 매우 중요한 원칙을 알게 될 것이기 때문이다.

운이 있는 사람의 뇌는 인생은 즐겁다고 여긴다.

 운이 없는 사람의 뇌는 인생은 고통스럽다고 여긴다.

운이 없는 사람이 인생을 고통스럽다고 여기는 것은 운이 없어서가 아니다. 사업에 실패해서도 아니고 인간관계가 괴로워서도 아니다. 이유는 간단하다. '인생은 고통스럽다'는 생각을 전제로 하여 살아가기 때문이다. '삶은 고해'라는 생각이 머릿속에 박혀 있기 때문에 그들은 언제까지나 성공하지 못하고, 일에도 인간관계에도 돈에도 운이 없고, 연애사도 가정사도 순조롭지 않은 것이다.

운이 없는 사람들은 입버릇처럼 이렇게 말한다.

- 일은 힘들다.
- 못된 상사가 있어 괴롭다.
- 가족을 먹여 살리는 일은 정말 힘들다.
- 돈 모으는 일은 힘들다.
- 자녀를 키우는 것은 고생이다.
- 경기가 불황이라 삶이 고달프다.
- 돈이 없어서 힘들게 살아가야 한다.

- 인생이란 고생의 연속이다.

운이 없는 사람의 뇌는 '인생은 고통스럽고 괴로운 것'이라고 스스로에게 끊임없이 최면을 건다. 자기 자신을 마인드컨트롤하고 있는 셈이다. 반대로, 운이 있는 사람의 뇌는 '인생은 즐겁고 신나는 것'이라고 생각한다.

- 일은 즐겁다.
- 돈 모으는 일은 재미있다.
- 삶이란 즐겁고 흥미로운 것이다.

그들은 늘 '어떻게 하면 더 즐거울 수 있을까'를 궁리한다. 즐기는 일에 탐욕적이고, 그것이 당연하다고 여긴다. 예를 들어 가정에 운이 있는 사람은 '가족을 즐겁게 하기 위해 이러저러한 것을 하자'는 생각에 언제나 머릿속이 바쁘다.

상식적으로 생각하면 인생은 괴로운 것인지도 모른다. 살다보면 실패나 좌절도 경험하고, 역부족을 실감하거나 인간관계에서 상처를 받기도 한다. 혼자만 남겨진 듯한 고독을 느끼기도 하고, 열등감 때문에 괴로워하기도 하며, 도저히 재기가 불가능할 성싶은 비참한 상황에 처하기도 한다.

이것이 '99%의 진실'이다. 99%의 사람들에게는 인생이 괴롭다는 것은 의심할 바 없는 진실이며, 자신들의 착각이라는 생각은 조금도 없다. 그러나 세상에는 어떤 상황에서도 편도핵을 유쾌하게 유지해 줄기차게 '인생은 즐겁다'고 생각하는 비상식적인 사람들도 있다. 바로 1%에 속하는 사람들, 성공을 이룩한 사람들이다. 나는 이 책에서 누구든 1%에 들 수 있고, 성공할 수 있다는 점을 여러 차례 강조해왔다.

설사 당신의 인생이 오늘 당장은 괴롭다고 해도 내일부터 즐겁게 살아갈 수 있다. 나는 이 책이 그 계기를 마련해줄 것이라고 확신한다.

당신은 이제 책을 덮고 일상으로 돌아갈 것이다. 그러나 이미 당신은 예전의 당신이 아니다. 당신은 지금 새로운 출발점에 서 있다. 저쪽에는 여태껏 결코 넘지 못할 것이라고 믿어 의심치 않았던 장애물이 있다. 그 장애물은 '불가능' 혹은 '한계'라는 이름으로 불리기도 한다. 하지만 지금의 당신이라면 그것을 뛰어넘을 수 있다. 반드시 뛰어넘을 수 있다.

그러므로 마음속으로 이렇게 외쳐보자.

'나는 된다, 반드시 된다!'

인생에서 가장 값진 선물

무일푼으로 출발해서 엄청난 부를 이루는 사람이 있는가 하면, 복권에 당첨되고도 순식간에 재산을 탕진하는 사람이 있다.

온갖 고난과 역경을 이겨내고 큰 성공을 이루는 사람이 있는가 하면, 한 번의 실패로 의기소침하여 좌절의 늪에서 헤어 나오지 못하는 사람이 있다.

이러한 차이는 어디에서 비롯되는 걸까?

여러 가지 해석이 가능하겠지만, 결국 '수준'과 '그릇'의 차이 때문이 아닐까 싶다.

여기서 수준이란 의식수준이며, 그릇이란 풍요의 그릇을 말한다. 이 두 가지는 서로 밀접한 연관이 있으며 동전의 양면에 비유할 수 있다.

그렇다면 수준과 그릇은 애당초 운명처럼 정해진 것일까?

만약 정해진 것이 아니라면, 수준을 높이고 그릇을 넓이기 위해선 어떻게 해야 할까?

이 책은 이러한 질문에 대한 해답을 찾고자 하는 시도의 결과물이다. 독자 여러분은 이 책을 통해 정보(intelligence)와 비전(vision)을 얻을 수 있을 것이다.

자신이 추구하는 성공의 형태와 빛깔은 사람마다 다르다.

왜냐하면 각자의 가치관과 인생관이 다르기 때문이다.

그러나 성공을 이루기 위해 정보와 비전은 반드시 필요하다.

여러분은 이제 두 가지의 귀중한 아이템을 얻었다.

그 아이템을 언제, 어떻게 사용할지를 판단하는 것은 여러분 각자의 몫이리라.

니시다 후미오 씨, 비엔비 에이전시, 그리고 여느 때와 마찬가지로 작업을 진행하는 동안 아낌없는 지원과 협력을 보내주신 흐름출판 여러분에게 감사의 마음을 전하며, 독자 여러분의 일상 속에 늘 여유로움과 풍요로움이 함께하길 기원한다.

일과 인생이 술술 풀리는 자기암시법

된다, 된다, 나는 된다

초판 1쇄 발행 2008년 12월 22일
초판 36쇄 발행 2024년 6월 18일

지은이 니시다 후미오
옮긴이 하연수
펴낸이 유정연

이사 김귀분
기획편집 신성식 조현주 유리슬아 서옥수 황서연 정유진 **디자인** 안수진 기경란
마케팅 반지영 박중혁 하유정 **제작** 임정호 **경영지원** 박소영

펴낸곳 흐름출판(주) **출판등록** 제313-2003-199호(2003년 5월 28일)
주소 서울시 마포구 월드컵북로5길 48-9(서교동)
전화 (02)325-4944 **팩스** (02)325-4945 **이메일** book@hbooks.co.kr
홈페이지 http://www.nwmedia.co.kr **블로그** blog.naver.com/nextwave7
인쇄·제본 (주)상지사 **용지** 월드페이퍼(주) **후가공** (주)이지앤비(특허 제10-1081185호)

ISBN 978-89-90872-52-4 03320